Yvonn Scherrer
Nasbüechli

Yvonn Scherrer
Nasbüechli
Eine Duftreise
Cosmos Verlag

Auch als Hörbuch erhältlich

Yvonn Scherrer: Nasbüechli. Gelesen von der Autorin
Cosmos Verlag. ISBN 978-3-305-00461-4

Alle Rechte vorbehalten
© 2012 by Cosmos Verlag, CH-3074 Muri bei Bern
Lektorat: Roland Schärer
Umschlag: Stephan Bundi, Boll
Satz und Druck: Schlaefli & Maurer AG, Interlaken
Einband: Schumacher AG, Schmitten
ISBN 978-3-305-00460-7

www.cosmosverlag.ch

8. Mai, Rupperswil
Ananas Äppeer

Nach was schmöckts uf fasch 3000 m? Schmöckigs isch rar.

D Steine schmöcke nid. Aber Chrüter und Blüete vor Höchi, es Konzentrat ir dünne Luft, wo niemer cha säge, überwiegt jitz d Truur oder d Süessi. Bitteri mues nid zum Verbittere füere.

Vo so höch obe, wos Gletschermiuch zum Zmorge git, chunnt dä Wy i üsne Gleser.

Ananas und Äppeer. Zwo Frücht, wo so guet zämepasse, u derby chöme si us zwo komplett verschidene Kulture. Wär mit Ananas ufwachst, het no nie es Äppeeri gseh. Weis nid emau, dass es Äppeeri git.

I de Extrem vo Höchi, vo Stiui, vo Duftsymphonie und Absänz vo Duft wäg der Höchi rugele di zwo Frücht obenabe, Hang i Hang. Und es sy ryfi Frücht, ke Platz für ne Störefriidsüüri, nume grad so viu, dass i der Choch fasch gfragt hätt, öb i no d Pfäffermüli dörft ha, zum echli drüberzpfäffere.

Wär vo üs isch d Ananas und wär isch ds Äppeeri? Mir sy genauso verschide, o we mer beidi us em glyche Land chöme. U denn i däm magische Summer mit viu Schwyge und viu Rede bin ig ir Chuchi gstange, i ha Äppeeri gschnätzlet und du hesch Ananas gschlachtet, und der Pfäffer han i drüber ta.

Der Wy het d Farb vo häuem Hung. Der Abgang isch rund wi ne voländete Fautewurf.

Und us der Chuchi schmöckts nach Härdöpfu, nach Späck u nach gchochetem Gmües. Und d Pfäffermüli rapset.

9. Mai, Zürich
Muetertag

Es Bébé kennt sy Mueter nid am Gsicht. O nid a der Stimm. D Nase seit ihm, wär sy Mama isch. Und wi ischs mit de Müetere? Schmöcke si o, weles ihres Ching isch? Schmöckt ds Ching wi si? Und was, we emne Ching der Gschmack vo syr Mueter nid passt? Es cha ja nid useläse. Und we ere Mueter der Gschmack vo ihrem Ching nid passt? De würd sis sicher nie zuegä. Ussert si wott d Erinnerig loswärde a dä, wo het mitghulfe, dass das Ching jitz schmöckt.

Leider schmöcke nume sehr weni Mönsche fein. Schöni Stimme sy ja scho säute gnue. Aber dass mir öpper schmöckt, so richtig, ganz, ganz gstimmt, das chunnt so säute vor wi nes Schnuufaahaute bire Sunnefyschteri.

10. Mai, Zürich
Räge

Es schmöckt nach Räge. Geng nach Gras, o wes gar kes het.

Räge-grüen-schmöck sogar uf Beton, Gras-suberschmöck, wett drinn desumetroole mit mym schwarze Wunderhund.

Räge schmöckt rägegäub, es häus, eis wi dürschynigi Zitrone.

Zitronebluescht, du warme, chaute Rägeschmöck, i kenne niemer, wo di nid gärn yschnuufet.

12. Mai, Zürich
Verschmöckt

Verluege cha me sech und verlose. Cha me sech o verschmöcke?
    Eigetlech geit das nid.
    Ke Regle ohni Usnahm.

13. Mai, Auffahrt, Zürich
Siam Benzoe

Amne so ne Morge, we me nach em Lüte vo aune Glogge nomau ygschlafen isch und de ändlech, ändlech geit ga zmörgele, sötts eigetlech nach Flider schmöcke u nach Glyzinie. Aber dussen isch Herbscht und der Räge hört gar nümme uuf. Es schmöckt nach Wyrouch, wi we ne übermüetige Prieschter sys Röicherfass echli z temperamäntvou gschwunge hätt.

Der Selin macht mit syne celestische Bewegige es Röicherwärch zwäg, seit «Siam Benzoe» und rächelet der Röichersand.

Wi ne Techi isch Siam Benzoe, wi ne Hüue, e Umhang, wo d di drinn chasch usbreite. «Es het ke Mitti», seit der Selin. «Es het numen e Rand, es Zringsetum.»

E chüeli Techi, es Lyntuech für ne tüppigi Summernacht oder e fieberigi Grippenacht. Dass de nid z fescht schwitzisch und dass es di nid z fescht tschuderet. Es Marmorgsicht vore schöne Skulptur, es Lächle, ghoue vo läbige Häng, aber immer läblos glych. Warum sy nume myni Häng so füecht?

Mit Harz verpflaschteret der Boum sy Wunde. Drü Harzchörndli, u ds ganze Huus isch ir Techi.

Plötzlech isch das Gsicht nümm us Marmor. Isch Äbehouz, polierti, dunkli Flächi, aber dunkli Gsichter hei öppis Warms. O das Lächle nimmt weni Aateil. Es läbt scho z lang, für sech no vo öppisem la druszbringe. Äbehouz isch chüeu und sehr dicht, es isch o nes

Klanghouz. Aber ds Dunku isch warm und jitz – schynt da nid echli orangerot us däm Lächle?

14. Mai, Stammheim, Zürcher Weinland
Chäuerblind

We ne Wypuur i sym Chäuer nümm wyterchunnt, wüu er z lang a syne Kreatione gschnupperet het, de seit me däm Phänomen: chäuerblind. Er schmöckt nüüt meh. Er mues d Nase verlüfte oder en angeri Nase z Rat zie.

Wär nüüt schmöckt, het es Handicap. Es heisst Anosmie. Nüüt schmöcke giut aber nid aus Behinderig. Niemer redt drüber, es chunnt aber geng wider vor, bsungers nach ere extreme Grippe. D Vire wärde geng aggressiver. Es chunnt vor, dass si nid nume d Schmöcksinneszäue kille, sondern o no grad d Stammzäue, wo d Schmöckzäue produziere. Wes d Stammzäue verwütscht, isch fertig mit Schmöcke.

«Am schlimmschte», het e Frou gseit, wo nach emne Unfau nüüt meh gschmöckt het, «am schlimmschte isch gsi, dass i my Maa und mys Ching nümme gschmöckt ha.»

Aber o ds Ässe macht chuum meh Fröid. Achtzg Prozänt isch bim Ässe ke Goume-, sondern e Nasefröid. D Zunge cha nume süess, sauzig, bitter u suur, derzue no Umami. Aber öb Äppeeri oder Ananas isch ohni z luege nümm z ungerscheide. U Choche isch ersch rächt e Spiessruetelouf.

Nümm schmöcke het hüüffig abmagere zur Foug, abmagere und Depression.

15. Mai, Münsingen
Henna

Nach der dritte, vierte Strähne faat si aa verzeue, was se plaget, was ere Chummer macht. Chöme di graue Haar äch würklech schnäuer, we me Chummer het? Aber d Coiffeuse het no kes graus Härli u isch doch scho änet de Füfzge.

Mèche für Mèche ypinsle mit der wooutätige Paschte, wo schmöckt wi ne Höibaue, nume dunkler, meh bitter aus süess, wi ne Gwürzschaft vomne unbekannte Vouk, wo Chrüter schüüli gärn het. Ds ganze Bad isch vou dervo, wi ne Höischober, und der ganz Chummer löst sech für ne haub Stung drinn uuf, und nach zwone, dreine Stung lüüchte de di Haar wider dunkuorangerot. Henna syg Dank.

18. Mai, Zürich
Überdosis

Mängisch steisch amne Morgen uuf, ds ganze Möbu vou Fläschli, aber kes fingt Gnad. Es lüpft di sogar ab dym Lieblingsparfum. Hesch ds Gfüeu, du längisch nie meh es Parfum aa, u scho gar nie meh aasprütze – u de tröimsch vo däm Tag, wo das «Wäää»-Fänschter wider zuegeit. So wi we d nach em Gnuss vo dym Liebschte dänksch: Dä läng i nie meh aa – u d scho wider dervo tröimsch, dass das «La mi la sy»-Fänschter wider zuegeit. Ds «Rüer mi nid aa» vertätschts, we mes aalängt. Es isch eigetlech en Yladig.
Aber die schmöcksch ersch nach em Chlapf.

18. Mai, Zürich
Flugere

Nach was schmöckts eigetlech ire Flugere?

We de Päch hesch, hocket eini vor dir, wo grad d Mens het. De frag i mi aube, öb i myni Bluetusdünschtige im Griff heig. Derfür cha me ja für so öppis nüüt, und i würd das Ygricht am liebschten abschaffe. Aber eklig ischs glych.

We me Päch het, hets öpper schreg vor dir, wo gärn und viu roui Zibele isst. Und wes de no gmischt isch mit viu Schweiss, isch ds Antigedicht perfekt.

We de Glück hesch, sitzt öpper näb der, wo so fein schmöckt, dass d mit ihm überau würdsch häreflüge. Sogar im Heli, vilech sogar im Ruumschiff.

Der Duft-Fingerabdruck isch das, was ds Immunsyschtem vom Mönsch wott loswärde. Der Eigegruch isch es Abfauaroma. U dä Fingerabdruck isch besser aus jede Fingerabdruck, besser aus d Iris. Drum het sech e Firma einisch überleit, der Eigegruch vo de Mitarbeiter aus bsungers sichere Schlüssu z bruuche. Der Eigegruch als Badge.

Es flügt sech guet näbe däm, wo guet schmöckt. O wen er nie uf di flügt.

19. Mai, Zürich
Gras

Am Morge früech brüele si los. Ig erwache dervo. Punkt achti, d Schwyz git Gas. Di Rasemääjer töne gfährlech, es si zwe, eine mit ere höchere und eine mit ere tiefere Stimm. Aber nach ere haub Stung isch di ganzi Wonig vou vo däm Gresele, wos äuä niemer git, wos nid gärn schmöckt. Wi we di öpper Liebs i Arm nimmt und derby würklech a di dänkt, en uneigenützigi Umarmig, eini, wo d so schnäu nümm möchtsch losgla sy, und wider eine vo dene Düft, wo glychzytig warm und chaut sy. Vo dene gits viu meh, aus i ddänkt hätt. Mir sy si di liebschte. Der liebscht isch Sanduhouz.

19. Mai, Zürich
Taxi

Taxifahrer schmöcke nach Chäs. Nach Chäs, wo z lang nid im Chüeuschrank gsi isch. D Frag isch, öb das aues Chäsliebhaber sy, wo das Gschmäckli de usdünschte. Oder öbs en angere Grund het.

Vergore vom ewige Hocke, ke Bewegig und nüüt Rächts ässe. Am schlimmschte isch es, we si de o no d Chleider nid wächsle und o nümm möge unger d Duschi stah.

De isch der Chäs ygleit i abgstangnig Körpergruch. My Hung wäscht sech nie, aber dä Gstank bringt er nid häre.

20. Mai, Dubai
Ärdöu

Wi schmöckt äch d Ärde, wes ke Ärdöu me git? Der Flughafe isch Beton und Bänzin. Wi ne undurchdringlechi Schicht us Watte, du chasch draboxe, wi de wosch, es nützt aues nüüt. Es isch, wi we d am Schluss säuber tränkt wärsch dermit u jede Moment chönntsch i Flammen ufgah.

Und es wird dir schlächt und es besseret ersch, we d us em Bus usstygsch und i d Haue geisch. Derfür isch dert d Höu los und d Passagiere sy aui blind und renne di übere Huuffe.

21. Mai, Beijing
Aacho

Aacho
i Mottechugle
Röicherstäbli
bbratnigem Fleisch
ir Kanalisation

Hie chodere si a Bode
hie gyxe d Velo rhythmisch
hie loufe Schlager
der ganz Tag pentatonischi Schmachtlockemusig
bis es dir schlächt wird
schlimmer aus vo de Dämpf us der Ungerwäut

Z lang gstangeni Ananas
Saturnpfirsich
wo schmöcke, wi we d Vanilleglace o scho drinn wär
Chläbrys mit suurer Grüenteenote
Zigaretterouch
Currygedicht, wo d muesch blybe stah
medizinale Bittertee

We d Farbe vo Sydestoffe chönnte schmöcke
de wär das Harmonie dür Usenangersetzig
es Parfum, won i sofort würd begryfe
grüen und rot changiere
violett und hennaorange changiere

isch eifacher z begryfe aus Ton i Ton
oder gar no längwyligs Beige

Der Schnyder im *Friendship Store* het Mundgruch
und en ungloublechi Sorgfaut

22. Mai, Beijing
Heisses Zmorge

Dämpf vo heissem Zmorge – nüüt vo Gomfibrot-Bideri, Ryssuppe mit Tofugschlüder, es schmöckt überau, wos z ässe git, echli suur. Suur ygmachts Gmües, suuri Sojasauce gits fasch zu jedem Ässe. Ig isse am liebschte *Dumplings* mit Gmüesfüuig, und eis mit Fleisch drinn. Luti Stimme, viu Betriib, Suppeschäli chlefele, e suberi, dampfegi Wäut, und us der Chuchi schmöckts nach frittiertem Brot.

Di meischte näme ds Zmorge mit: Suppe im Plastigsack, Seck mit Teigtäschli, und e Frou bringt ds grosse Gschiir für di ganzi Familie, schwungvou chöme vier Ladige Suppe dry.

Luti, heissi Zmorgegsichter, d Hitz vom Tag scho mau probet.

22. Mai, Beijing
Coup de foudre

Amne Donschtig isch es gsi. Mym Lieblingstag. Der Donschtig het angersch gschmöckt. Dekoriert. Verzouberet. Wi guldige Stärndlispray uf de Haar. Wi Stoubzucker uf der Kirschturte. Wi nes Schüümli Schnee.

Der Morge isch ume gsi. Wi jede Mittag han i myr Fründin Winny yghänkt u bi vom Schueuhuus i ds Gruppehüsli gloffe ga Zmittag ässe.

Am zwöufi het geng di töifschti Glogge vor katholische Chiuche glütet. Gloggeschleg wi chauti Kanonechugle, wo eim schier ds Trummufäu hei verbrätschet.

Zum Zmittag hets Fleischchäs ggä. D Winny het ihres Täuer häregha, d Erzieherin het gschöpft. Sozialpädagoge hei denn no so gheisse. D Winny het nid gseh, dass d Erzieherin no nid fertig isch gsi mit Schöpfe, si het ds Täuer z früech wäggzoge u der Bitz Fleischchäs isch mit emne verblüeite Platsch uf em Wachstischtuech glandet. D Winny het e Rüffu übercho.

Zersch han i müesse lache wäg däm glungene Ton vom Fleischchäs, aber när isch mer ds Lache vergange. So schlampig u lauwarm wird mau my Hang, wen i en auti Frou bi, han i ddänkt.

Nam Ässe bin i d Stägen uuf gschlarpet ga Häng wäsche u Zäng putze, wi sechs ghört. Es het e nöji Seife gha, rächteggig u für ne Seife erstuunlech kantig. Ig ha se i d Häng gno, bi unger ds warme Wasser dermit u ha myni Häng ygseifet – ha nümme ghört, nümme gschnuufet, ha nümm gwüsst, won i bi, nume no dä Duft hets ggä, i myr Nase, mym Härz, mym Wäse.

Es stius Jutze. Es chüeus Füür. Coup de foudre. Das isch ärnscht. Das isch für geng. Das isch ds Wunderbare, wo sech d Nora so gwünscht het u wo i d Freiheit zoge het –

I ha ghört Wasser loufe. D Stimme vo myne Gspändli. I wäsche d Häng, wi wes e heilegi Handlig wär, lege d Seife süüferli i ds Schäli, tröchne d Häng ab, häbe se a ds Gsicht, gspüre Träne cho.

«Winny! Was isch das für ne Seife? Da, di nöji, eggigi?»

«Di han i gschänkt übercho. Sanduhouz. Wiso meinsch?»

Und jitz bin i i däm Land, wos Sanduhouzböim git. Wo si druus Fächer schnitze. Won i mit sächzäni vo mym erschte verdienete Gäut ha ne chinesische Sanduhouzfächer gchouft, bin i glücklech gsi u ha mi entspannt. Ig ha gwüsst, dass es mi würklech git.

23. Mai, Beijing
Bbratnegi Vögu u Syde

Es Fescht. Wo me ganzi Vögu bratet, mues es Fescht im Gang sy. A eim Ort schmöckts bsungers fescht. Es schmöckt nid nume nach fettigem, im Ofe bbratnigem Vogu, es schmöckt no usgsproche chinesisch, nach emne Gwürz, wos o ir schwarze Hüenersuppe drinn het. Es isch würzigbitter, ischs Süesshouz mit Ingwer oder ischs öppis, won i nid kenne? Da mues i mau yne, wen i wider Hunger ha. De wirdi schnäu wider gsung.

I stryche düre Tag, dür di grossi Hitz, dür ds Rüefe vom Schrottsammler und dür e Gstank vo de öffentliche WC. Mönsche sy Stinktier. Tier schmöcke fein.

Nach was schmöckt eigetlech Syde? Nach de Lyche vo aune Roupe, wo hei müesse ds Läbe la, für dass ig i sydig Rock cha schlüüffe?

Ig häbe my Syderock a d Nase. Er schmöckt nach Mottechugle, dezänt, aber glych nach Schweiss vo dere unselige Pärson, wo das guete Stück het müesse nääje, und es schmöckt nach Syde. En Ärnschti, wo me däm fyne Stoff nid zuetrout hätt. Es schmöckt nach Boum.

27. Mai, Shanghai, Expo
Di enttüüschti Nase

Eigetlech chönntsch d Nase vor der Expo ar Garderobe abgä. Es schmöckt überau glych, nach nöi verboute Materialie. Nume im indische Pavillon es Fescht us Masala Chai, Röicherstäbli, starch gwürzte und scharfe Spyse. Und bim Iraner schmöckts nach Tee und es git Safranrys.

Süsch ischs vor auem en Aaglägeheit für ds Oug, di totali Überforderig. Und d Ting, üsi liebi Doumetschere, gseht jedi Müglechkeit, myni Häng z verwöhne mit Houzschnitzereie, Schärischnitte, Musiginschtrumänt oder mit Teppich überzogene Vase. Mir länge aues aa, wo nid hinger Glas isch. Am Schluss fahre mer zrügg, der Oriol isch ganz betöibt, und mir ässe imne Beizli Aubergine a dunkler Sojasauce, scharfsüess mit Koriander u Chnoblouch. Es schmöckt herrlech. Und jitz zum Dessär no nes paar Litschis mit Roseduft.

28. Mai, Shanghai
Lösigsmittu

Im französische Pavillon isch e Souornig. Wi öpper, wo sy Eschtrig mit aune Erinnerigsstück eifach nid ma ufruume. Frankrych isch d Parfumnation, und usgrächnet i däm Pavillon passiert dä Fauxpas:
 I de Zylinder, wo d Bsuecher u Bsuecherinne chöi drystah, schmöckts nach verschidene Arome: Ggaffee, Jasmin, Schoggi, Caramel. Dummerwys sy aber d Wäng vo dene Zylinder, wo mit emne sonderbare Materiau usgleit sy, mit emne Lösigsmittu behandlet, wo dermasse starch isch, dass es d Düft, wo me sött schmöcke, überdeckt. Meh no: Das Lösigsmittu isch so höch dosiert, dass es mir schlächt wird und i der Oriol bitte, mi wäggzbringe, bevor i ohnmächtig wirde.

29. Mai, Shanghai
Chinesele

Es mönschelet.
 Es müffelet. Es böckelet. Es bschüttelet. Es söielet. Es schweiselet. Es chäselet. Es schmöckt nach ...
 Mir säge aber nid: Es lavändelet, es röselet, es öpfelet – le-Verbe beschrybe meischtens Usdünschtige, wo nid grad e Naseweid sy.
 We mer säge: Es mönschelet, de meine mer nid Körpergruch. Mir meine öppe: Ds Gägeteil vo guet isch guet gmeint. Oder: «Dene, wos guet geit, giengs besser, giengs dene besser, wos weniger guet geit ...» (Mani Matter)
 Oder: D Mönsche hei di unerfröilechi Eigeschaft, sech so z benäh, dass es nid nach ere Parfumsymphonie schmöckt, sondern meggelet.
 My Schriftsteuerfründ Markus, wo i sym Museum en Usstelig über alemannischi Dialäkte macht, auso eigetlech über e Johann Peter Hebel, wo beides gschribe het, Mundart und Hochdütsch – ihm het my Idee vom Dufttagebuech gfaue, er het se ufgno i sy Usstelig: D Bsuecherinne u Bsuecher chöi Wörter erfinge uf -le, wo säge, nach was es schmöckt, und das cha de o positiv konnotiert sy: zitrönele zum Byspiu oder voguhöiele. Das cha mers bsungers. Voguhöiele.
 Wen ig jitz auso wett beschrybe, wi chinesischi Mönsche schmöcke, weli Verbe würd i da biude? Ig ha se ja jitz gschmöckt, z tuusigewys, si hei mi fasch ver-

drückt uf em Schiff, dass sogar my tapferi Doumetschere Ting gseit het: «Ich glaube, das ist gefährlich.» Ir U-Bahn, wo si chriisdick stöh, au di vile schmale Mönsche, sodass es im U-Bahn-Wage no für meh Platz het ... auso nach was schmöcke si?

Si chinderhärele, sünnele, artischöckele.

30. Mai, Shanghai
Phlox incognita

Hie und da chumen i drann verby. I ha scho nes paar Mau probiert usezfinge, was eso schmöckt. Aber es het ke Sinn. I weis nid, isch es e bestimmti Pflanze oder Blueme oder isch es meh öppis, wo sech ire bestimmte Temperatur, Umgäbig, Jahreszyt ysteut. Aber wes my Nase streift, de geits bis zinnerscht yne. Wen is schmöcke, glouben i dra, dass einisch my Zwilling chunnt. Dass im heilige Buech wahri Wysheite stöh. Dass es längt, am Läbe z sy, ärnschthaft und mit Humor. Dass es en Ort git, won i lenger wett blybe aus drei Wuche. Dass i nie meh Angscht ha vor em Tod.

2. Juni, Shanghai
Wächsubad

Tier plage stinkt zum Himu. Hamschter, wo im Loufredli gfange sy. Schiudchrotte, wo nume no haubläbig sy. Vögu i winzige Chefi. Und e gruusigi Längizyti nach mym Hung und d Frag: Bin i gnue guet zue nihm? Zu däm liebe, zärtleche Tier, wo so schön cha da sy?
   Am Aabe der gröscht müglech Kontrascht. Im *Banana Leaf* schmöckts wi im Himu. Papaya mit Limette isch e Medizin. Wo eim i Arm nimmt. Und ds Curry isch so scharf und so chüschtig und so fescht guldig und rot, Zitronegras, Chili, Galanga – dass igs bis zum letschte Mümpfeli mues äsge. Der Tee schmöckt intensiv nach Marroni und isch süess. Oolongtee. Hie isch guete Tee tüür. Öppe wi bi üs es guets Glas Wy.

4. Juni, Suzhou
Liecht wi Sydepapyr

I weis nid, was i söu schrybe über di, du Gartestadt. Meischtens verschlaats eim d Sprach, we me merkt, dass me gärn het. De isch es eifach guet, und me wett, es wär nie angers aus am erschte Tag, aus bir erschte verzouberete Begägnig. Amnen Ort, wo d Luft liechter isch aus Sydepapyr, u d Bletter vo de Strüücher wi Sydepapyr, wo der Kanau langsam fliesst, aui Fänschter offe sy uf e Troum, wo d Wäut, gschnitzt, verziert, rot aagmaut, mit gschwungene Decher und verspiute Pavillons, no ir Ornig isch – da wettsch chli dörfe blybe, ganz stiu, mit emne Buech. Vilech wettsch sogar schrybe, aber über d Schönheit und über d Liebi schrybe isch ds Schwirigschte.

Porzellan, Porzellan, Bambus, Osmanthus, grüene, starche Tee, Harmonie us Kante, Egge und gschwungene Wäue – Rumple vo Drüreder und Chlefele vo Ggaffeegschiir. Und dä Garte vor myre höuzige Türschweue, vor em Zimmer, wo regumässig drinn gröicheret wird, mit au syne Schachtleegge, syne rote Blettli und em dezänte Ton vom fröhleche Gassetrybe – dä isch eifach z schön und z stiu zum Verrede.

5. Juni, Flugzeug
Mordmotiv

Nach zwo Stung gspüri Hass. Nach vier Stung dänki a Mord.

Es stinkt bestialisch, aber kes Tier bringt dä Gstank häre. Chleider, wo nid gwäsche sy. Si spychere d Usdünschtig nach öpperem, chunnts mer vor, wo aues vo syre Warte uus gseht, wo nume sich gseht und dür d Mönsche und d Härz fahrt wi nen Yschbrächer, wo aus abruumt. So schmöckt öpper, wo über Lyche geit unds nid emau merkt. Wüu di angere ja nüüt sy, wüu nume är wichtig isch. Es schmöckt nach Spermie, nach ere Potänz, wo du nume eis wosch: di dervor schütze, wüu si usschliesslech a sich dänkt. Aber es git ke Uswäg, dä Typ hocket vor mir und dä Gstank brönnt sech i my Nase y. Er blybt, o am Flughafe.

Zum Troscht gahn ig i ne Parfümerie, schmöcke mi dür Aoud-Düft düre, o Aoud isch wi ne Wang, wo ganz dicht isch oder wi ne ganz dicke, weiche Mantu. Aber i hoffe, es übertöni. Es git Fäu, da hiuft gäg Gift nume nes Gägegift.

Amouage, di exklusive Parfums vom Sultan vo Oman, wo ir Schwyz aus *die* Luxuslinie giut, het hie ganz normali Pryse. O der Troschtduft Ggaffee im Starbucks tuet mer guet.

Mir styge wider i Flüger, höckle brav i üses Sitzchefi. Zersch mein i, dä Myf syg eifach no fescht i myre Nase. Aber scho gly steit fescht, dass der glych Verpeschter – ja vilech stinkt ja d Pescht würklech eso – über ds Gängli genau näbe mir hocket. Flugzyt Dubai–Züri: gueti sächs Stung. Es paar Reie vor üs hets, zum ds Erläbnis no unvergässlecher z mache, es Chleeblatt vo Chlyching, wo chrääje, wi we me se am Spiess würd brätle.

6. Juni, Sofia
Alarmaalag

Zmitts ir Nacht erwache wäge Rouch. Wo bin i?

Es isch nume Zigaretterouch us emne Nachberzimmer.

Schön, isch my Nase so ne zueverlässigi Alarmaalag.

7. Juni, Kazanlàk
Rosenöu

Im Rosemuseum vo Kazanlàk stöh grossi Gfäss, wo me früecher drinn deschtilliert het. Im Ygang vom Museum lige Roseblüete, si füue ne Plastigsack dermit – da, nämet! –, und es erschts Mau verzoubere si nis. Ändlech aacho!

Rosenöu het me früecher i Chupfergfäss deschtilliert und ufbewahrt und exportiert i sogenannte Cuncumà, wo d Form hei vomne ganze Chäs. Di het me obe versiglet. Hüt bruucht me Glasfläsche, wo me cha zueschrube. Wüus gäbiger isch. Aber d Cuncumà sy schöner. Viu schöner. Schönheit und Sterilität schliesse sech uus.

Item. Es het es auts Chupfergfäss, wo vor sibezg Jahr oder meh zum letschte Mau Rosenöu isch drinn gsi. Der Kiril, wo üs begleitet und übersetzt und verzeut, schrubts uuf. Der Techu gyxet. Us em Haus chunnt der fyn Duft vor *Rosa damascena*, wo me mit nüütem cha verwächsle. Es schmöckt no nach sibezg Jahr, so starch isch d Essänz, und si schmöckt no tupfglych.

U teil, seit der Kiril, tüe ds Rosenöu i Safe. Statt Guld. Der Wärt isch praktisch glych.

8. Juni, Kazanlàk
Rosefäud

Zersch sy mer fasch chli enttüüscht, so dezänt isch ds Aroma vor Damascena. Wahri Noblesse, ganz ohni Hochmuet. Si isch d Chünigin, me wett geng by re blybe, wüu me gspürt, si het es Härz. Si isch nid überhäblech und doch isch si unnahbar, klar und chüeu wi ne Hang uf ere fieberige Stirne.

Am schönschte sy Düft, wo ne chüeli und e warmi Syte hei. Sanduhouz het meh Wermi aus Chüeli. Bir Rose ischs umgekehrt. Di weichi Syte isch e wachsige, hunigfarbige Ton, di chüeli Syte isch aquamarin, es häus, stius Blau ohni jede Kitsch mit ere Nuance i ds Grüen. Es Blau, wo Schmärze löscht.

Ganz angers ir Deschtillerie. Ds Rosenöu wird i Tänk deschtilliert, wo 550 Kilo Blüete drymöge. D Arbeiter schütte Plastigseck, wos geng öppe 10 Kilo drinn het, i Rache vom Tank. Der Dampf pfuuset use, d Roseblüete brodle im Dampf. We nen Arbeiter der Sack uf d Kante hout, sodass er ufgeit u d Rose i Tank sägle – der Sack isch obe eifach zueddräit –, gits e Räge vo Blüete, wo über d Plattform schwäbt. U i dänke a di verchratzete Häng, wo jedi Blüete einzeln abgläse hei. Us em Tank chunnt e Wulche vo ätherischem Öu. So starch, dass ig e Momänt lang der Fade verliere und der Chopf mues wäggdrääje. Z Tuusige und Abertuusige höch isch d Macht vo de flache, unspektakuläre Blüete gwautig. Mängem isch di Essänz eifach z viu. Das isch kes Rosarot meh, sondern es usgwachsnigs Violett oder sogar Purpur, ja, es Purpur, d Farb vor Chünigin. Der Hunig-Wachs-Ton isch jitz sehr starch, ds Rosenöu isch ir Nase opaque, e Stei mit ere fasch gfährleche Lüüchtchraft, vilech wi Lapislazuli, das Chiucheblau, wos kes lüüchtigers git, oder der dunku Glanz vom Granat, we mer bim Purpur blybe. Purpur und Chünigsblau, d Farbe vom Mantu vo der Chünigin. So wi der Lapis nume z Afghanischtan vorchunnt – dä z Chile lüüchtet weniger –, so gits kes Rosenöu wi das us Bulgarie.

Di füerendi Deschtillerie het mau e Zytlang aus Erholigsoase für Funktionäre ddienet. Es isch e Zouberort mit aute Böim, dicke Loubdecher, ganze Chör vo Vögu, wo «Sa Majesté la Rose» pryse. Mir sitze verlore im Gsang und im Duft uf schmidysige Bänk. Nume ei Wunsch hei mer: Stiu sy, da blybe. Der Ggaffee isch starch u tuet guet.

Aafangs Nüünzger het der Vatter vom Iulian sy Deschtillerie wider zrüggübercho. Im Chlyne hei si aagfange. Du isch en amerikanischi Aromatherapeutin uftoucht, wo uf der Suechi isch gsi nach biologischem Rosenöu. Di het Gäud ggä, und es het zgrächtem chönne losgah. Di Sach het sech i doppleter Hinsicht glohnt. Di Amerikanerin het nid nume ds beschte biologische Rosewasser und Rosenöu übercho, sondern o no grad der Bsitzer vor Deschtillerie. Das chüschelet mer der Kiril zue, wo der Iulian schnäu wägg mues. Er isch düür und düür e Gschäftsmaa, es giengt äuä lang, sys Vertroue z gwinne.

9. Juni, Kazanlàk
Rüüscheli us Gsang

My Euf het d Blüete, wo mer vom Rosefäud hei mitgno, uf aui Möbu gströit. So schmöckt ds Gmach vo der Chünigin. D Rose isch d Chünigin vo de Blueme, isch d Blueme für d Chünigin. Abläse tüe se d Roma, abzwicke mit de Negu, e haube Lew für ds Kilo. Gits Luxus nume dür Usbütig? D Romafrou, wo ne Stimm het wi nes Chleid, wo me z mängisch het gwäsche, seit, si verdieni uf em Fäud meh aus ir Fabrik und si chönn vorusse sy und mit den angere ploudere und zwüschedüre eis röikle. Si chönn säuber entscheide, wi schnäu si schaffi.

D Bsitzer vo Deschtillerie zale ihrne Arbeiter auso e haube Lew. E Puur, wo syni Blüete ere Deschtillerie mues verchoufe, zaut no weniger, süsch würd er ja nüüt meh verdiene. Mir chunnt das vor wi ne Mischig us Kartell und Kommunismus. E nöji Kommission söll jitz settigne Absprache der Rigu schiebe. Aber wüu aues nume mündlech abgmacht isch, chas niemer bewyse und es blybt aues bim Aute, seit der Kiril.

Wäre äch nöji Bedingige würklech besser für die, wo jedi Rose vo Hang abläse?

Über de Rose zie d Lerche ihri Bahn, hinger sich e Schleppe us Triller und Lätsche und Rüüscheli us Gsang ohni Änd. Der Takt derzue schlö d Wachtle und d Grauammere. De hets no ne Vogu, won i nid kenne. D Heidelerche vilech? Hie chöi d Lerche i Rue näschte, niemer schnydt ds Gras und macht ihri Bruet kabutt. D Stimme vo de Arbeiterinnen und Arbeiter, wo sech Witze zuerüefe, d Stimme vo de Vögu, hie und da es Fahrzüüg und e Maa, wo Plastigseck uf sym Wägeli transportiert. «Diii Alex.» Aber ds Rössli frisst lieber chli Gras.

Arbeitslosi schaffe im Fäud. Vili dervo Roma. D Roma sy für d Bulgare es rots Tuech, und für d Roma sy d Bulgare es rots Tuech. Vili vo de Roma bezie Soziauhiuf, was d Bulgare närvt. D Roma hei eigeti Schuele, aber es göh lang nid aui Ching i d Schueu. Biudig isch nid grossgschribe, Erwärbsmüglechkeite gits weni.

Ihri Kultur isch us eren angere Zyt. Ihri Maxime nid Maximaugwinn. Aber o Schlitzohre sy si, chlaue Telefondräht und verquante se aus Recyclingmateriau. Drum het der Kiril em Agrikulturamt müesse ne Brief schrybe, wüu o uf d E-Mail-Aafrage ke Antwort cho isch, für d Journalischtin im Roseninschtitut aazmäude. Jede Bulgar het zwar es Handy, o wen er nume 200 Euro im Monet verdienet, aber es Handynummero vomne Offizieue würd niemer usegä. Ds Interview mit em Rosezüchter und Profässer vom Roseninschtitut het de aber doch nid klappet. Er het 30 Euro wöue, schliesslech sygs sy Freitag, der Mäntig, und mir hei de druuf verzichtet, dä Herr z träffe.

D Rose sy da. Stiu und sydig und unspektakulär, flachi Schäli, wo ne klare, chüele Duft druus ufstygt. Hüt stercher aus geschter, neecher bim wachsige Hunigton vom Rosenöu. D *Rosa alba* schmöckt fyner, lieblech und so sublim wi nes ganz wysses, jungs Gsicht, nobu, ihri Bletter si neecher zäme. Si isch heiku und schwirig zum Aaboue u de git si ersch no weniger Öu. Drum hei vili ihri Rosa-alba-Fäuder ufggä. Schad. Dä Duft het nämlech i syre Unnahbarkeit öppis, wo tröschtet. Wi ne chüeli Hang uf der Stirne, aber viu fyner aus bir Damascena.

Näbedrann isch ds Fäud mit Lavändu mit ere Bordüre us Mohn. Ganz en angeri Essänz, würzig, si beläbt, d Rose isch stiu und chüeu und macht die glücklech, wo drann schmöcke.

My müed Geischt rugelet sech zäme wi nes Ching i früsch gwäschne Lyntüecher und schlaft der Schlaf vor Rekonvaleszänz.

Beieli summe, d Lerche stygen uuf, d Plastigseck fülle sech, und der Buschauffeur, wo d Arbeiter bbracht het so um di füfe, hout im naache Dorf Ggaffee für aui. Am zäni, haubi eufi isch d Ärn für hüt düre. D Rose schmöcke am beschte im Morgetou.

10. Juni, Balchik
Mys Paradys

Das Land isch es Parfum. Gras, gmischt mit Blueme und Chrüter, tuusig Variante für nes Eau de Cologne, es Summe vo Beieli und Trillere vo Lerche und Chüschele vo Loubdecher. E Hoschtet mit aute Chirschiböim, wo niemer pflegt. My Euf chlätteret uf ne Boum und zupft roti Chugle us em Loub, besunge vo Grauammere, Grüenfinke und Gugger.

Stareschwärm flüge über e Garte und mampfe Chirschi.

Schmätterlinge, Eidechse, Dischtle, Dischtle, Vögu, Blueme i aune Farbe, e Biodiversität, wo numen a Orte vorhanden isch, wos nid viu Mönsche het. Es Paradys, vergässe vo Europa, ufggä vo de eigete Bewohner. Und e Laschtwage rumplet und chlefelet über d Schlaglöcher, d Türe nid richtig zue, dass me ne fasch zäh Minute lang ghört. Süsch wyt und breit nume Summer. Ig umarme ne.

13. Juni, Sofia
Praliné

Wi nes Praliné, wo öpper statt i Schoggi i Lingebluescht töichlet het. Oder wi ne Turte, wo öpper rundum mit Liebi het überzoge mit däm Duft us fädereliechtem Glück. Inne brosmet der Chueche ganz fescht, aues verbrösmelet, vergheit, und i steue mer vor, dass früecher Sofia es würklechs Praliné isch gsi, e schöni Stadt, e Hochzytsturte. Hüt chan i chuum e Schritt mache, ohni sorgfäutig mit de Füess z gspüre, wo abzstah. Eis Loch und ei schregi Platte nach der angere.

Uf em Vorplatz vor Alexander-Newski-Kathedrale stöh mer a däm Sunntig scho vor de nüüne, u de chöme d Glogge. Di chlyne sy wi ne Tschuppele Ching, wo i autmodische Röckli tanze, di mittlere sy di Erwachsene, wo bim Rakia am Tampe sy, und über auem e töife Ton, di unerbittlechi Zyt, wo ds Läbe abmisst, e dumpfi Mahnig, dass jedes Fescht verbygeit. Warum mues Religion geng mit Straf und mit Drohige verbunde sy? Di chlyne Glogge mache sech luschtig drüber. Hinger u vorne rumple einzelni Outo über d Bsetzisteine. D Glogge töne, wi we si us em Mittuauter chieme, totau scheps. Aber si sy nidemau hundertjährig, chöme us Russland. Der Grundton isch nid eifach z ghöre, d Übertön si wiud.

Ir Chiuche zünte si Wyrouch aa. Summe vo Stimme, di ganzi Luft vibriert, wi we riisigi Bejischwärm würde drinn umeflüge.

14. Juni, Zürich
Schock

Am Morge erwache, gsättiget mit Ydrück, der Chopf no vou Stimme, vou Arome. Nach em Zmorge der Chopf us em Fänschter strecke. Nid chönne gloube. Nomau e töife Schnuuf. Es nützt aues nüüt. Hie schmöckts nid. Hie schmöckt nüüt. Suber schmöckts im beschte Fau.

Da trifft e Pfyl zmitts i ds Härz, wi we d merksch: I ha mi verliebt. Begryfe, dass jitz d Längizyti aafaat, so lang, bis i wider by nihm bi, däm verlorene Paradys. Das cha lang gah.

Stiu und ergäbe bücke sech d Achsle und lö sech d Lascht vor Längizyti la uflade. I bi starch. Und chönne gärn ha isch vilech ds schönschte Gschänk, wo me cha übercho.

17. Juni, Bern
Linge

D Linge blüeje. Linge, Boum vor Liebi. Lieblingsboum. Vergheisch und ernöierisch di us dym Inneren use, us dym Härz. Unger der Eiche di herte, unger der Linge di miude, lingen Urteil.

Und tanzet hei si uf de Böde, wo i Etage dür ihri Escht zoge worde sy.

D Linge isch der Boum vo der Liebi. O für mi. Der Ort, won i my Liebschtling ha troffe, het Tilleul gheisse. D Linge isch zwar nümm da gsi. Di isch Bsoffene, wo sy drygfahre, zum Opfer gfaue. Aber der Name isch bblibe.

Er het mer es Glas gschänkt mit emne siuberige Lingeblatt und ere Lingeblüete, schön wi ne Troum, es auts Teeglas für nes jungs Glück.

20. Juni, Zürich
Jasmin

Zmitts im Räge blüeit tapfer e Jasmin, Duft vor Nacht, vor Aphrodite. So unschuldig wyss git sech d Jasmin. Tapfer het si ds Gsicht mit de Stoubbletter i Räge, ds wysse Chröndli ungrüert um ds vertschuppete Gsichtli. Es schmöckt nach Indie, nach Burma. Dert hei si mer aube Schüble vo Jasminblüete bbracht, hei mer se i d Hang gleit, we si gseh hei, dass i bi bleich worde, wüu i so ha glitte unger em bestialische Gstank. Dankbar han i se gno. Und bi dermit dür d Höu.

Und hie, wo aues suber isch u hundertmau gspüeut vom Räge, hie fäut der Dräck. Läbe ohni Dräck geit nid. Es schmöckt nach nüüt und isch truurig.

22. Juni, Liestal
Der Hirt vo de Gschichte

Weisch, wi nes Lammfäu schmöckt? Wunderbar schmöckts. Aui die, wo bhoupte, es böckeli, chan i nid verstah. Es schmöckt nach Vertroue, nach Glychschritt vo Mönsch und Natur. Es schmöckt nach Verständnis ohni Hochmuet, nach dunkle, ärnschten Ouge, nach früschem Schweiss vom Wanderer, nach Sunne, Räge, Schnee. Es schmöckt nach ja ohni aber. Nach Houzcheue, wo imne Chessu rüert, wo über em Füür hanget. Nach der Hirteflöte, wo d Sunne am Morge wider zrügghout und d Tier am Aabe.

E Mantu us Schaffäu leg i dir um d Achsle, guet für jedes Wätter. Und i dänke mer en Ort, wo d chasch hirte.

We du faasch aa über d Matte zie, de loufe dir d Gschichte nache. Du muesch se nid trybe oder zämebhaute. Si chöme vo säuber.

Es höielet.
Es hözelet.
Es inselet.
Es füürlet.

28. Juni, Münsingen
Summer

Der Summer isch da. Ändlech. I schnuufe uuf i sym Aate. No hets höch obe blaui Lingebluescht.

Di häuschte Erinnerige sy us em Summer. Es isch, wi wen i nume denn ganz wach gsi wär. Mou, i bsinne mi o a Früelig, a ds Rapse uf de Chnöi de Blüemli naa, d Nase am Bode i de Vergissmeinnicht, de Gartebürschteli, Primeli, Trummuschlegeli und Hyazinthe. Und a di plötzlechi Herbschtfröid, wo mäudet, dass ig es Herbschtching bi, ke Frag. Aber im Summer isch mys schüüche Härz uftouet. Höi, Chorn und Glogge hei my erchlüpfti Seeu gstrychelet und gsaubet. Am Aabe het der Nachber ungerdrann pfiffe und syni Schue hei ds Chiis grapset wi Pfäffer. I han ihm nid übere Wäg trout, das Pfyfe het für mi öppis Unheimlechs gha, aber i ha der Pfäffermüli vom Chiis gärn zueglost und i bi ja sicher gsi i mym Zimmer.

D Mama het d Bett früsch aazoge, d Lyntüecher hei nach Sunne und Höi gschmöckt und sy styf gsi vor Süberi. Nid dass i müed gsi wär am achti, aber d Mama het gseit: «Achti, i ds Bett mach di!» Brav bin i im Bett gläge, ha glost u gschmöckt. Der Nachber het bitteri Gurke vo unger ufe uf üse Rase gschosse und maliziös derzue pfiffe. Der Puur het mit syre Määimaschine ggyxet und i ha ghört Sprützchanne füue und im Garte hacke. I de Glogge, wo vo wyter cho sy, han i ghört, wis gäg di nüüne süüferli ddämmeret het. I ha mit mym

Schwöschterli Shirah glaferet, bis si ygschlafen isch. I ha gwachet über ihre Schnuuf, geng no häuwach, di letschte Muursägler hei mit Begeischterig irgend e Siig imne Flugwettbewärb gfyret und di letschte Amsle hei mit ihrem Angschtruef d Nacht begrüesst. D Glogge sy bblibe und d Grille, wi ne Teppich ihres Lied uf eim Ton, wo mer aber nie verleidet isch. Und mit däm Grilleteppich unger de Glogge und em Wüsse, dass im Summer d Vögu früech aafö und mi wider wecke, hets mi gno.

29. Juni, Zürich
Verdufte

Am liebschte wett i verdufte, wen i stirbe, im wahrschte Sinn vom Wort. En Essänz sött ir Luft sy, wo Fröid macht u zfride, wi we me guet und gnue, aber nid z viu ggässe het. Aui Jahreszyte söue drinne sy, am wenigschte der Winter, Summer aus Härznote, Herbscht aus Basisnote und aus Chopfnote natürlech der Früelig. Vo mir uus cha der Winter echli wysse Puderzucker drüberschüttle wi d Frou Holle us der Techi.

Was blybt, we mer göh? Üses Aroma? So wi me imne aute Huus geng ds Gfüeu het, me schmöcki d Generatione, wo drinn gläbt hei? Oder isch es ehnder d Stimm? Oder am Änd ds Biud? I vermuete, dass Biuder bleich wärde. D Stimm isch präsent, nid so sehr bewusst, abrüefe geit nid geng. Aber mängisch, im Tagtroum, im Nachttroum, ghör i my Grossvatter zue mer rede. Ghöre d Stimm, d Melodie.

Schmöck i nen o? Jitz won i dra dänke, dünkts mi, dass ja. Aber ganz ehrlech: Der Gruch isch mer nid bsungers aagnähm. Früecher het me sech z weni gwäsche. Schynts sygis sehr schwirig, d Nase z sozialisiere, sodass si Grüch, wore eigetlech nid passe, akzeptiert und vilech sogar fein fingt. Bi de Stimme gits das viu. Es git weni Mönsche, wo ds Härz ussetzt, wüu si so ne schöni Stimm hei. O schmöcke tüe nid so viu Mönsche fein. D Tier scho meh.

Am Aafang han i my Hung o nid gärn gschmöckt

und han ihm Patschuli i ds Fäu gribe. Aber je lieber mer der Pirol worden isch, descht weniger. Mängisch het er e Sprutz Parfum verwütscht ir Parfümerie. Das het ne nid scheniert. Bi jedem nöie Parfum, won i gchouft ha, isch er a myne Hangglänk cho schnüpperle, het sech ygschmöckt. Der Chef schmöckt nid geng glych.

Wen er sech im Gras trölet het oder im Schnee, de het sys Fäu richtig guet gschmöckt. Mit der Zyt han i mi a sys Aroma gwanet, es het mer gfäut, we der Hung nid by mer gsi isch. Und es fäut mer geng no. «Mais cette larme sur mon visage ne séchera pas.» (Marc Lavoine)

Wo der Pirol aut worden isch, het er mörderisch aafa megge. Suur. D Fettschicht unger em Fäu wärdi im Auter ranzig, het d Chefin vor Füerhundeschueu gseit. Das chöm vo däm.

Ganz auti Mönsche schmöcke meischtens o nid fein, zmingscht für my Nase. Aber der Kerylos, wo nes Autersheim leitet, het mer gschribe, dass es auti Mönsche gäbi, wo ungloublech guet schmöcki. Nach Heimat.

Die beide vermiss i am meischte: my Grossvatter und der Pirol, my Wunderhund. Sys Bäue isch mer no im Ohr. Tief und gfährlech ischs gsi, u derby het der Pirol nume gschläcket.

Mi dünkts geng, si syge by mer. Der Hung u der Grossvatter. Beidi sy so lieb gsi zue mer, und i cha nume hoffe, ig o zu ihne.

30. Juni, Dintikon
Lychele

Der Alessio het mi zur Hollywood-Schoukle gfüert mit de blaue Chüssi. Nach viune Gspräch und feinem Ässe und nachdäm er mir en Ascht vom umgsagete Fygeboum gschänkt het, wo tatsächlech nach Fyge schmöckt und chli nach Kokos, bringt der Alessio e Fläsche mit emne Wysswy us em 1971. Das Jahr isch für ihn bsungrig, denn het er sy Frou kenneglehrt, won er geng no gärn het. Und so wi o nen auti Liebi fein cha schmöcke, isch o dä Wy e Trouvaille. Voore isch er lieblech wi nes jungs Meitschi, ohni jede Kitsch, ungschminkt, und hinger – hinger isch er lychig. So, win i mir wünsche, dass my Lych einisch schmöckt. Moosig, moderig, nach Chäuerstäge und aute Büecher. Es erinneret mi a ds letschte Klärbecki, a Whisky, a nes bbruuchts Cognacfass. Es isch d Antwort uf my Frag nam Verdufte.

Der Alessio het Fröid a myr Fröid. Er isch eine vo de wenige, wo me über settigi Sache cha rede. Das chunnt, seit er, vor Usenangersetzig mit der autägyptische Kultur. D Ägypter hei viu Zyt bbruucht, zum übere Tod nachezsinne, und si hei o ne Huuffe ungerno, dass di letschti Reis ömu glingi.

4. Juli, Berlingen
Lavändublau

Blau passt würklech guet zum Lavändu. Zersch hets mi nid ddünkt. Lavändu vo naachem isch meischtens eifach z viu, es isch wi ne Mueter, wo z fescht für eim sorget und eim mit ihrere guet gmeinte Bemueterig verdrückt. Liebi, wo meh e Schrei isch nach Zuewändig aus Zuewändig säuber. Aber Lavändu vo wytem, o i grosse Mängine, isch Bausam uf sprödi Lippe, Hunig imne verchratzete Haus, isch wi nes guets Chüssi für ne erschöpfte Wehchopf. Blau. Ufschnuufe. Drylige. Aalähne. Aues für d Seeu.

Aus Teeny han i derfür gsorget, dass es i mym Zimmer geng e guet gfüute Sack früschi Lavändublüete gha het. My ängschtlechi, überwachi Uf-der-Suechi-Seeu het sech im Blau entspannt. Und jitz macht sis wider i däm Summer, wos überau nach Lavändu schmöckt. Wär ne nid guet kennt, chiem gar nid uf e Gedanke, es schmöcki nach Lavändu. Er rundet ds Summerparfum ab u steit bescheide e Schritt zrügg.

6. Juli, Bern
Schnupperlehr

We me gschnupperet het, weis me när, öb eim dä Bruef gfaut, öb me sech für ne Lehr entscheidet oder nid.

Es git ke Blinzli-Lehr oder Es-Ohr-vou-näh-Lehr oder gar en Aachafli-Lehr. Di würd o gar nüüt bringe. D Nase isch vertrouenswürdig. Di seit üs scho, öbs es das bringt, öb dä Bruef passt oder nid. I kenne zwar fasch niemer, wo a syne nöie Bekannte zersch usgibig schmöckt. U glych redt me vo «beschnuppere». D Nase machts unbewusst, aber d Mönsche sy ir feschte Überzügig, me heig sech ufgrund vom Üssere i di Frou verliebt. Vilech het si eifach es feins Parfum.

D Tier sy da ehrlecher, und si hei Üebig. Der Pirol het gschmöckt, öb e Hung e guete Charakter het oder öbs e Souhung isch. We ne Hung gfährlech gsi isch, het der Pirol unmissverständlech gchnurret.

7. Juli, Zürich

Ds Erschte u ds Letschte

Ds Erschte, wo mer mache, wen is d Mueter usegmurkset het, isch e Nase vou näh, när chunnt ersch ds erschte Chrääje, u ds Letschte, wo mer mache, we mer stärbe, isch o ne Nase vou näh und usschnuufe. Ds Erschte u ds Letschte, wo mer wahrnäme, isch e Nase vou – meischtens unerfröilechi Spitauluft, wo nach sterile Häng u resischtänte Chäfere megget.

Ds Schnuufe chunnt zersch u blybt üs tröi, u drum isch ds Schmöcke der Ursinn. I bhoupte, wär nid bewusst schmöckt, dä wird gläbt.

Klar, es git settigi, di chöi nid useläse.

11. Juli, Zürich
Wok-Konzärt

We me i üsi Strass ybiegt und abelouft, de chunnt nach es paar Schritt immer dä Duft. Es chochet öpper. Bbrätlets Fleisch mit viu Fett, Chnoblouch und Sojasauce, Rysgricht mit e Huuffe Gwürz – geng schmöckts wi verruckt und chlefelets vo Pfanne, wi wen öpper i der Chuchi ygsperrt wär, wo Tag und Nacht geng müesst choche für ne imaginäri Grossfamilie.

Da wird grüschtet und gschnätzlet, ghacket und gwürfelet, bbräätlet, ddämpft und blanchiert – wi zu Gotthäufs Zyte, nume schmöckts ehnder nach emne chinesische Grossgrundbsitzer-Hushaut. Rund um d Uhr wird gchochet, schynts het geng öpper Hunger. Es isch ke Ybiudig, der Selin schmöckts o. Mängisch ischs fein, wen i am Aabe heichume u Hunger ha. Mängisch isch es unheimlech.

Es isch unmüglech, dass e Familie, wo i sonere Wonig Platz het, das aues chönnti ässe.

16. Juli, Zürich
D Usnahm vo der Regu

Ändlech. Summer, du bischs. Dys Band isch orangerot. I bade i dyne Arome. Mir ghört der Summer, und der Summer ghört mir.

«Mein Pferd heisst Safir», seit der ungarischstämmig Taxifahrer, wo guet schmöckt. E säuteni Perle. «Es ist ein neunjähriger Wallach und er ist ganz schwarz.»

Der Räge vom Gwitter netzt mi, so warm wi z Ouschtralie. Einisch bin i imne settige Räge i See ga schwümme mit em Selin.

17. Juli, Zürich
Zenit

Nach em Gwitter het ds Aroma gwächslet. Scho vorhär han is es bitzli gmerkt, aber jitz ischs ganz dütlech. Jitz schmöckts nach Nadle, nach Harz, nach Chrüter. Es bitzli ähnlech wi bim Orlando ar Südrampe ir Trochesteppe, nume nid so fescht. Nach Süde, nach Mittumeer. Und es dünkt eim, es schmöcki nach Herbscht.

Oder isch das ds Parfum vom Hochsummer? Vom Zenit? Vom Wüsse, dass ab jitz der Mond wider abnimmt?

18. Juli, Yvonand
Wirbutanz

Ds Loub! Es isch ryf! Es schmöckt nid grüen. Schmöckt guldbruun. Rotbruun. Grüenbruun. I wett so nes Chleid. Wo so schmöckt. Es guldrotbruuns. Macht mi glychzytig tröschtet und truurig. Ryf ischs. Herbscht ischs. Zyt zum stiu sy und fyre.

Es ruuschet so fescht i de Böim, dass me gar nüüt meh angers ghört.

Ds Loubdach isch so dick wi sametigi Vorhäng. Wi ganz viu längi, weichi, dicki Haar vo schöne Froue. Aber luftig.

I loufe dür dä weich Teppich. Vorhang us Ton. Schnuufe tief. La mi la ylyre, la ypacke i ds Bruuse vo dere Orgele. Isch der Herbscht en Organischt?

Mir biegen ab und loufe dür ds Schiuf, wo höcher isch aus ig. Hie tönts meh, wi we tuusig Sydechleider würde chräschle imne Wirbutanz. I ghöre, wi sech einzelni Bletter bewege wi sydigi Lippe. Si verzeue. I lose. I bi ganz stiu.

Und dunger am See chöme zum Sydevortrag no di weiche Trummufäu vom See, wo türkis Wirble spile. I lige büüchligse im Sang, i den Ohre Sydelippe und d Türkiswirble, si wiegele mi – und drüber isch der Himu so nachtblau zmitts am Summersunntig.

19. Juli, Bern
Schweisele

Schweisele. We öpper nach Schweiss stinkt, de isch das grouehaft. Es isch wi ne Aagriff. O we me dä Mönsch no so gärn het – wen er stinkt, fliet me ne. Aber wi cha e Mönsch, wo me gärn het, stinke für eim? Müesst me ne nid eifach möge schmöcke, wüu ärs isch? Oder sis isch?

23. Juli, Bern
Aare

du Aare, du gfährlechi
mit dyne verfiuzete, verchläbte Haar
du schmöcksch nach Verdouig vom Läbe
du stürzisch mi i ds Verderbe
du grüeni, du gfährlechi

du nassi Häx, du Zouberin, du Schöni

ertränk mi i dyne schönen Arme
versänk mi i dyre Musig, wo lockt u ziet
verschränk mi mit dyne Haar
de glänzig verfiuzete Haar
erdänk mi no einisch u när la mi gah

25. Juli, Zürich
«Im Walde möcht ich leben ...»

Der Herbscht isch da. Der Waud schmöckt fescht nach Moos, nach früschem Tanneharz, nach Farn, nach Piuze und nach ryfem Loub. E verzoubereti Zfrideheit ligt stiu über em Waud. Das tuet guet nach däm grouehafte Gstank im Bus, zersch nach Chnoblouch, nach unpflegte Zäng und nach emne unpflegte Läbe, de nach Chäsfüess. Mues grad viu mit em Selin rede, zums echli verdränge.

E Roubvogu rüeft, me weis nid rächt, wäm. Ligt der Waud so stiu im Bann vo däm Pfiff?

O d Bianca, wo mer speter ustrinke, schmöckt nach Herbscht. Und d Pasta mit früsche, murbe Bohne, Späck, tröchnete Peperoni und Birnel isch währschaft und mahnet a di chauti Zyt, wo me settigs Ässe bsungers schetzt.

26. Juli, Zürich
Schauter 1

Es schmöckt nach Herbscht. Nach durchsichtig blauer Luft, wo d Drache styge, höch, höch obe. Es stius Fescht im Äther, wi ds Suuse vo de Spyreflügle.

I loufe mit em Safir äxtra uf Örlike uf d Poscht, dass er no chli Bewegig het. Der Poschtomat geit nid. «Ausser Betrieb», rüeft e quäkigi Stimm us em Buuch vom Outomat. Vorwurfsvou. Der Tonfau meint: «Chöit dihr eigetlech nid luege?»

Wüu d Antwort nei isch, trotz schöne Glasouge, sparkling, han i vor, zum Schauter 1 z gah.

«Händ Si scho es Zädeli?», fragt en eutere Herr.

«Nei», säg i.

«Lueged Si, nämed Si mys!», seit er grosszügig. «677, jetzt simmer bi 650.»

«O Schreck!»

O är het zum Poschtomat wöue und mues jitz aastah. Nenei, er syg nume eis oder zwöi hinger mir, das syg gar kes Problem, seit er. Das syg ja für mi o nid grad gäbig.

«Nei, eigetlech chönnt i o eifach a Schauter 1.»

«Ja», meint er zu mym Erstuune, «aber wänn Si jetzt scho der Aastand händ z warte –»

Praktisch, dänk i, der junge, attraktive Frou es Zedeli zie, de het me Gseuschaft und mues nid aleini aastah. Das dünkt mi so charmant, dass i ds Opfer uf mi nime und ir brätschvoue Poscht warte.

Chunnt e Frou, wo nach Auter stinkt, suur und d Chleider scho z lang im Schaft ghanget.

Öb si mi öppis dörf frage. Ja, sicher.

«Wüssed Si, ich ha s glyche Problem wie Si. Nur han ichs weniger schlimm als Si.»

«I ha kes Problem. Was isch Öies?»

«Stimmts, dass mer an Schalter 1 dörf, wänn mer so isch wie Si? Ohni Nummere?»

«Ja, das isch korrekt.»

Wo si ggangen isch, seit my Compagnon:

«Also, ich bringe Si scho zum Schalter 1.»

Mir warte, es dingdonget über üsne Chöpf, würklech, speditiv schaffet me hie. Ändlech chum i dra u mys Gspändli zeigt mer no, wo der Schauter G isch. Es isch würklech e Riiseposcht. Ig häbe Gäud ab u gange zum Usgang.

Är het mi scho erlickt.

«Ich ha mys Züüg au scho chöne erledige», het er glächlet, und ig ha nomau merci gseit und dezidert adiö mit emne strahlende Lächle, süsch hätt er mi sicher no zum Ggaffee yglade oder uf ne Sägutörn oder so.

30. Juli, Sofia
Der Wunschstock

Im Flugzüüg hets gstunke. Nach Kerosin. Es het ghudlet und isch nid gmüetlech gsi, wüu aui eim ds Gfüeu ggä hei, es syg e Zuemuetig, a Bord z schaffe. Mängisch chunnt mer flüge vor wi ne schlimmi Strafufgab. Toti Stunge im Lärme, bi Gstank und emne Gfüeu vo Troschtlosigkeit, u derby sött me doch Jutzer abla vor Fröid, dass me ir Luft isch, für ne nöji Wäut z erkunde.

Wo mer im Hotel sy aacho, isch üse Guide scho da gsi. Ir russisch-orthodoxe Chiuche – si isch patiniert mit Cherzeruess – hets bbiselet. I ha mi gfragt, öb das äch en unglücklechi Füegig isch vo Düft, wo dert zämechöme, wo när ire chemische Reaktion dä Gstank gäbe. Oder öb si Päch hei und eifach d Kanalisation nid ganz verhet. Oders gar keni het.

Mir sy i d Krypta abeggange, aber o dert hets bbiselet. Bim Sarg vom Chiuchegründer, em Erzbischof Seraphin, cha me Wünsch deponiere, uf nes chlyses Zedeli gschribe. Das gheit me de i ne grosse Chaschte, echli wi nen Opferstock, aber me mues nüüt zale. D Wünsch söui schynts in Erfüüig gah.

Vor auem Froue chöme dahäre, wo sech es Ching wünsche. Es het Tisch und Stuel und Zedeli und Stifte. I höckle auso ab und schrybe my Wunsch uf das Zedeli:

1. August, Kosovo (Bulgarien)
Rhodopa

Rhodopa. Gott vo de Bärge. So mängs Ching hesch, aui, aui grüen, Chegu us Grüen, wo sech i weiche Wäue i Horizont ynetröime. Und di sogenannti wunderbari Brügg: es Tor, wo der Gletscher Jahr und Jahrtuusig useddrückt het us em Bärg. Und ds Flüssli Chaya, das heilchräftige Flüssli, wo au di Chrüter am Ufer naa wachse, wo d Mönsche lö la gsunde und wo d Haar lö la nachewachse – d Chaya het o nes Tor us em Feusrigu usegschläcket.

Blueme i aune Farbe wachse hie, si schmöcke wiud und frömd und sehr medizinau.

Wyter unger loufe mer uf emne Wägli zmitts dür ds Farn, Farn, sowyt my Hang ma recke. Es paar si no ygrugeleti Schnäggli. Di Usgwachsne sy rächt handfescht und chöme mer bis zur Achsle.

E Rose isch i myre Hang, e rosaroti Rose, e Frou het mer se ggä am Morge im Chloschter. Aui hei gmeint, i chöm mit myne Fründe, oder besser: myni Fründe chömi mit mir, cho bätte, um Heilig vo däm schwäre Schicksau. Aui hei ggloubt, i wöu ds Marierelief us Siuber und us verguldetem Siuber aarüere und sicher o no aui Reliquieschachteli, dass es ömu bbattet. Und d Frou het mer di Rose ggä, wi änglischi Teerose schmöckt si: klare, liebe Geischt.

Ir Wallfahrtschiuche mönschelets massiv, es strängt mi aa, so viu süesslechi Grüch, teil schwärer und teil liechter, teil schmöcke nach ungwäschne Haar. Di meischte hei sech gwäsche, aber si müffele glych.

D Stiui im Refektorium, wo vou Biuder isch, o vo Philosophe, o vo Chiucheverantwortleche, und i cha mir unmüglech aues merke. I weis aber no, dass der Maler vor Nikolaus-Chiuche di Adlige vo Bulgarie het la i d Höu abfüere uf sym Biud vom Jüngschte Gricht. Und ir Chuchi vo de Mönche schmöckt me ds Füür, wo vor Jahrhunderte zum letschte Mau bbrönnt het, geng no.

U d Stiui im zwöite Hof. Di Stiui. So stiu, dass es scho fasch e Pärson isch. Öpper, wo me ds Gfüeu het, me möcht ds Wort a se richte.

Di auti Frou het mer d Rose ggä, d Hang uf my Hang gleit und öppis Bulgarisches gseit. E Säge. Ja. Schliesslech han i ja es schwärs Schicksau gäge si. Si isch numen aut.

2. August, Kosovo
Usgstorbe

Es schmöckt nach Houz und d Luft isch es klars, häus Gäub. I däm chüele Wasser isch d Cholesüüri, wo der uf der Zunge chräuelet, ds Zirpe vo de Höigümper.

D Zimmer sy nid nume suber im Piugerhuus, si schmöcke o suber. Und zur Swetlana chunnt me immer gärn. Di beide Hüng tropfe vor Nessi, si chöme vom Morgepfiff us em naache Waud.

Kosovo. Im Winter zwöuf, im Summer dryssg Seele. Hüser, wo renoviert sy, viueggig. Hüser, wo vergheie.

Und a zwene Tische sitze zwe Manne und rede. Das heisst: Der eint redt, der anger pfyft. Me weis nid, für sich säuber oder mit em angere.

Ds Strässli isch äng und uf beidne Syte gspür i d Muure dütlech. Es isch unäben. Ir Chiuche geit es Lüftli, und me gspürt öppis wi ne höcheri Chraft. D Stiui isch wi Musig, und mir graagge, sowyts geit, ufe Gloggeturm.

Und überau i dere gäubklare Luft, wo mit der Sunne würziger wird und e orangebruune Ton überchunnt, hets Bächli. Si mache chautwarmi Musig, i nime se uuf. So schön tönts.

De wider i d Glehrsamkeit, wo eifach geng glych schmöckt. Wi ne subere Ruum, wo aber es bitzeli müffelet. Wi ne fründleche, aber echli komplizierte Mönsch, wo bi auer Intelligänz öppis Chindlechs het.

Es het es Deinotherium, es Riisevych, grösser aus es Mammut, füf Meter höch. Und d Kuratorin seit: Das isch es Modäu, längs doch eifach aa. I ma knapp zum Horn ufe.

Da tagets der Kuratorin. Ds Auereifachschte isch doch, we di blindi Frou di Skelett eifach aalängt u di Schnägge und Schale und Panzer. Und si faat aa d Vitrine ufbschliesse. Und i luege Fossilien aa, wo prähistorisch sy, wo lut Biologe Jahrmillionen aut sy. Zum Teil sy si so fragil, dass igs säuber chuum wage, sen aazlänge. Maches aber glych. D Säbuzahntiger, d Hyäne, der Leopard, d Gazäue, d Schlange, der Frösch – ganz süüferli mit der rächte Hang. Rippli, Schädle, Zäng, Ouge- und Ohrlöcher, Beckichnöche, Hüftglänk, diversi Beichnöche und Huef und Taupe. Und i ei Vitrine söu i sogar ynegah. Dert hets es Rössli drinn mit Dreifingerhuef. Gott im Himu, i chönnts schlysse, und was würd när mit dere liebe Frou passiere? Si het es behinderets Ching, verzeut si, wo d Chnöche nid richtig gwachse sy. Und si louft der ganz Tag a de Vitrine verby mit sooo huuffe Chnöche drinn … läbt gwüssermasse aus Ersatz mit Chnöche, wo Millione vo Jahr überduuret hei. Es dünkt eim fasch zynisch.

I däm Museum schmöckts juste wi ir Sammlig vor Blindeschueu, won i mängisch dervor gstange bi und probiert ha, öb ächt d Türe ufgeit. Si isch aber bschlosse gsi. I de Vitrine hets usgstopfti Tier gha. Gschmöckt hets, ja, wi söu me jitz das beschrybe – nach Glehrsamkeit. Houzig und echli süess und es bitzeli nach Stoub.

5. August, Hissarya
Orange

Der Tag vo de süesse Queue, däm Wasser, wo de nid gnue chasch übercho dervo. Nei, mit der Nase schmöckt me nid gross öppis. Aber im Muu isch das Wasser süess. Und im Park bi däm heisse Brunne, won i mir fasch d Häng drann verbrönnt ha, i däm Brunne, wo sech di adligi Tochter söu ertränkt ha, wüu si vo ihrne Lüt abgschnitten isch gsi und nid het wöue, dass d Finde se verwütsche – bi däm Brunne het ds Wasser glüüchtet. Und zwar i der Farb wi d Häng vo mym Zwilling.

Im Buech vom Oschteopath han i gläse, dass d Farb vor Konzentration, wo Heilig bewürkt, violett syg. Mi dünkts ehnder, es syg orange. Es wunderschöns Orange. Weich und warm wi ds Sunneliecht.

Und der Pirol het gsunge. Het mi gweckt us de Angschttröim. E Pirolfamilie. So fründlech und humorvou hei di guldige Vögu mitenang gredt und so würdevou het der guldbuuchig Pirolvatter syni Wort gwäut, dass i ganz grüert gsi bi und ddänkt ha: Wow, i sonere Familie wär i jitz o no woou.

Ds Hotel isch ja e Prüefig. Schnäus Gäud, billig bbout, vor auem d Zimmertüre. Myni het gchlemmt, und d Charte het nie funktioniert. Der Bescht isch gsi, dass i bire fautsche Tür my Charte ha ynegsteckt, und d Tür isch ufggange und i bi imne Zimmer gstange mit wiudfrömde Mönsche i Badmäntu, wo ihrersyts vor

Schreck bbrüelet hei. I ha versuecht z erkläre, dass i di ideauschti Pärson bi für so nes Missgschick, dass ig ja gar nid gseh, was i däm Zimmer abgeit. Aber das hei si nid eso gseh und hei sech bim Management beschwärt.

Hissar heisst Feschtig, und d Römer hei hie scho ne Stadt gha mit höche, dicke Muure. Und emne pflegte Park. Er gsäch schynts schöner uus aus der Park mit de Brünne, aber dert chunnt d Chraft här. Und näbedrann isch es wiud, und Nüss, Öpfle und Brombeeri hei mer probiert, und es het Hüener gha und e Güggu mit ere scherbelige Stimm. Fyne Chrüterduft.

Ds Thrakergrab isch 2500-jährig. Stei uf Stei. Und d Form vor Chammere, wo vilech e Tämpu gsi isch, het d Form vomne Beielistock.

De no nes Wyguet. E junge Maa mit Füür i den Ouge und emne Lache ir Stimm nimmt üs mit i Chäuer. Dä schmöckt fescht, der Chäuer, mein i.

Es isch schwirig, ds Aroma vom Wy und das vom Chäuer usenangzdividiere.

«D Farb», seit der jung Maa, «d Farb isch egau. Und der Wy hei si erfunge, wüu si hei wöue bsoffe sy, hei wöue der Plousch ha.»

Der Wasserfau bietet üs Wy aa, aber üsem Guide nid, speter chunnt uus, warum: Er het gmeint, er syg üse Fahrer. Derby sy si Kommilitone, o der wykundig Jüngling studiert z Sofia Jus, er isch eifach no viu jünger aus der Kiril, wo ja o ersch 24 isch. Der Jüngling mit der fyne Nase isch ersch 19, er het es erstuunlechs Flair im Uf-d-Lüt-Zuegah und Charme-z-Versprüeje.

Der Chardonnay het erstuunlech viu Subschtanz und isch nid so oberflächlech wi süsch. Der Muskat het e wunderbare Pfirsichton, isch im Muu aber z suur. Der Roséwy schmöckt fescht mineralisch, und der Mavroud schlaat wider aui: Er schmöckt ganz intensiv nach Caramel. Di bulgarischi Eiche us de Rhodope schmöckt sagehaft, si überdonneret nid aues, si ungerstützt der Goût vom Wy. Aber der Cabernet und der Merlot schmöcke trotz der Eiche eifach längwylig gäge Mavroud, und mi dünkts schad, dass si dä nid im Eichefass usboue. Aui usbboute Wyne syge z tüür für e bulgarisch Märit, begründet üse Nase- und Goumefüerer, u Mavroud chouft im Usland niemer, wüu me di Räbsorte nid kennt.

Si mache o Schnaps, wo si viermau deschtilliere und ir bulgarische Eiche usboue. Us Trube und us Zwätschge. Dadruuf bin i sehr gspannt, i ha beidi Sorte ggänggelet. Und e Fläsche Mavroud.

6. August, Coprivshtitsa
Fäderegras

Es isch heiss. Mir styge am Bächli naa der Hoger uuf, der Musig zue.

Zersch es Flüssli, wo plöiderlet wi nes Chingli, wo aafaat d Sprach sueche. Obe hets Abfau am Bach naa, es stinkt zum Himu und passt nid i di auti Wäut. Uf de Matte und i de Wäudli hets sibe Bünine. Uf jedere träte Gruppen uuf us je eire Region. Aber o zwüsche de Bünine tanze si, spile si Trumele und Dudusack, schüttle si ihri Gloggegürt. Aues i eim Fride.

Lämmer, Schaf und Söili drääje a Spiesse über em Füür, fettigi Süessigkeite wärde bbachet, und di gspanneti Staauseite vo dere Musig schnydt Muschter i d Luft. Stimme, Dudusack, Saiteninschtrumänt, aues glasklar. Weich isch fasch nume der Klang vom Kaval, der Flöte, und däm buuchige Saiteninschtrumänt, wo me o ir Türkei ghört. Das isch weich und chratzig wi der Mavroud.

Aui träten uuf, d Grossmüetere und d Grossching, da wird tanzet, ghüratet und palaveret, gsunge, grüeft und gstampfet, ddudlet, grapset und trumelet, und d Chlage und di wiude Tanzrhythme vermische sech. Da isch ds Paradox, wo mi usmacht und wo ir Schwyz eso ke Platz het. Di Mönsche läbes aui i ihrere Musig, si merkes nid emau. I grate i Wirbu vo de ugrade Metre, vo Füüf-, Sächs-, Sibe-, Nüün- und Zwöufachtutakt, so rasend, dass me d Schleg chuum cha zeue. Gradi Täkt sy eifach es platts Stampfe. Ugradi sy rund, drääje und drääje di in ere Spirale, wo d nie meh use wetsch. Und i wünsche mer, i wüsst, wie mittanze.

D Feya kennt aui. Si bringt Fäderegras, wo d Roma sammle für ihri hüratsfähige Meitschi. Es fingt bi de Tourischte grosse Aaklang.

Der Viorel bringt ds Ässe, früsches Pitabrot, Fleischspiessli und fettigi Härdöpfle, derzue gsauznegi Fischli. Ds Brot schmöckt nach Houzfüür und ds Poulet isch wunderbar gwürzt.

Nach em Ässe bin i so müed, dass i mi uf der Plätzlitechi, wo der Viorel für d Ladies äxtra us em Hotel ghout het, zämerugele, ds Fäderegras unger e Chopf lege und zmitts im Scheiaweia vo däm fröhleche Chäferfescht töif u fescht schlafe. Und üse Guide wachet über mym Schlaf.

7. August, Coprivshtitsa
Museumsstadt

Es isch Summer. Vor em Fänschter ryfe d Suurchirschi, aber si sy grad so wyt ewägg, dass i kes cha stibitze. Us de Höger flüge Fötzle vo Dudusack- und Akkordeonmusig und Schweife vo hemmigslos vortreite Chlage desume. Uf em Märit schmöckts nach Würschtli, nach fettige Süessigkeite und Zuckerwatte. Jungi Manne mit Gloggegürt schlücke bim Verbyloufe aui angere Tön. Gägen Aabe göh mer mit der Feya dür das aute Dorf, wo ehnder wi nes Stedtli aamuetet. Ds ehemalige Soudatedorf het sy Rychtum, wüu di sowiso scho privilegierte Ywohner d Stüüre hei dörfe ga yzie.

8. August, Coprivshtitsa
Abschiid

Sunntigmorge. D Hüng i eire Ufregig. He ja, der Schwäfugstank cha Verschidnigs bedüte. Füürwärch. Chrieg. U dä Krach di ganzi Nacht lang, da frage sech ja di Vierbeiner o nach em Sinn u Zwäck. Ig ha herrlech gschlafe trotz Musig und Hüng, aber mys Gspändli ligt scho syt Stunge wach.

Di letschti Wassermelone, ds letschte Joghurt und der Duft vo Earl-Grey-Tee, wo guet zur entspannte Sunntigmorgestimmig passt.

Im Huus vom berüemte Dichter, wo ei Fründin um di angeri düregla het, wo wäutoffe gsi isch und wo us Rach vom Chünig, won er öffentlech kritisiert het, uf em Schlachtfäud umcho isch, myfets. Chlynbürgerleche Myf, Mönsche, wo über em Schüttstei ihri verschwitzte Körper mit Seifewasser abbürschte, wäge däm aber nid besser schmöcke. Myf vo günschtigem Ässe, vo z weni Platz und enere Ängi i auem, wo eim d Luft laat la wäggblybe.

Und de rezitiert eine no i beschtem Oxford English melodramatisch Gedicht, ungermaut vo tragische Orcheschterkläng. Mir wei ja nid a de Qualitäte vo däm Jungstar zwyfle. Aber di Nusscreme isch z dick uftreit und drum chöi mers nid ärnscht näh. Ussert d Reiseleiterin. Si het Träne i de Ouge bir Vorstelig, ihre chönnt das passiere und ihre sydig Suhn chiem nümme hei.

Ir Chiuche schmöckts nach Wyrouch, das tuet guet.

Es macht d Nase frei vom Myf und git eim ds Gfüeu, öppis Bsungers z sy. Der Chiuchhof isch grüümig und es isch mer woou drinn, und i zünte di zwöi letschte Cherzli aa.

Der Summer tupft mer Müntschi uf d Backe, chüeu und mit emne fyne Chrüterbouquet aromatisiert. «Nid truurig sy», chüschelet er, «i blybe da. U du chunnsch zrügg.»

So packen i haut my Ggofere.

Im Outo schmöckts nach Hackblätzli, so fescht, wi wen es ganzes Batallion chiem cho äsinge. Der sydig Suhn het se ygchouft, und mir äsinge se näb emne Wasserfau und emne Stand mit Hunig und Gomfi. E Strassehung vertromet e Bitz Brot, und i schlafe näb em Fahrer y uf der Fahrt uf Sofia.

9. August, Zürich
Lääri

D Lääri. Es schmöckt nid. Wi ne Tisch mit ere Oberflächi us Plastig, excusez, Kunschtstoff. Wi söu me hie läbe?

Wes ganz stiu isch, redt me vo Stiustand. Vo Tod. We nüüt schmöckt, ischs meh aus totestiu.

11. August, Zürich
Adiö Summer

Der Summer ligt da wi ne schöni Frou, si blüeit und si strahlet Wermi und Güeti uus. Ihres Lächle preicht zmitts i ds Härz. Si ligt uf ihrem Chrankebett und nimmt Abschiid. Stiu, ohni z chlage, ohni o nume ei Träne. Uf ihrne Handflechine hets e Tropf Harz, wi ne Schmöckperle. Um ihre schön Chopf hets e Chranz us Lavändu und Chrüter wi Thymian und Rosmarin, und uf em Tisch steit e Struuss Dahlie. I luege i ihri Ouge, und es schüttlet mi vor Träne und Leid. Es git ke Troscht, we der Summer stirbt, so aus täts ihm überhoupt nid weh, mi z verliere. D Ouge sy fründlech, aber luege ohni jedi Rüerig. So erreicht ne nid emau my Truur. Und i gange stiu my Wäg.

12. August, Wangen an der Aare
E gueti Nase

Er het e gueti Nase. E gueti Nase heisst – meh merke aus angeri. Meh gseh.

Er macht Ruumdüft und wott luege, dass es i de Rüüm nid unaagnähm schmöckt. I Kabine vo Chleidergschäft, wo me nöji Chleider probiert. Und nid wett Schweiss schmöcke. Vo dere, wo vorhär isch i d Chleider gschloffe. O ke Fuesschäs bitte.

Und Düft für Autersheim. Für Spitäler. Dass me auti oder chranki Mönsche, wo stinke, wider bsuecht und ne ma d Hang häbe.

Das mit em Duftnöitralisator, wo Stinkmolekül bindet und us ne es Nöitrausalz macht, isch geniau. Dä Nöitralisator isch sogar us emne harmlose Fruchtzucker gwunne. Ke giftigi Chemiebombe.

Zersch d Ruumluft nöitralisiere u ersch denn e nöji Farb uftrage, wo fein schmöckt.

Stinke isch e Behinderig, wo eim abschnydt, ungloublech demüetigend für di Mönsche, wos preicht. Vilech ischs o bi mir einisch so wyt. Dass aui Parfumfläschli vor Wält nüt me nütze. Dass es die lüpft, wo a mys Bett chöme. Das isch tuusigmau schlimmer aus aui Runzele.

17. August, Zürich
Schwyzer Rase

Hüt isch wider emau e Rasemääitag. Mängisch dünkts mi, üsi Husabwärt heige e Manie, syge bsässe dervo, der Rase churz z bhaute. Wi we dä Rase si würd aagryfe und umgarne und erwürge, we si nid würde druf luege, dass er ganz, ganz churz isch. U jedem Blüemli der Gring sofort abschnyde. Bevors no chönnt papp säge oder d Ouge ufschrysse oder d Naselöcher blääje. Mängisch geits o Mönsche so wi dene Blüemli.

19. August, Zürich
Ballascht

Ruume, ruume, ruume. Z viu Sache ha git Myf.
    Mönsche, wo z viu uf de Achsle hei, stressele. Mönsche, wo z viu Kilo hei, bisele, böckele, fleischele. Mönsche, wo z viu Züüg i ihrne Rüüm hei, bi dene daheim müffelets, möderlets, dräckelets.
    U Mönsche, wo z viu Parfum aagsprayt hei, megge. Am schlimmschte isch «Angel».

21. August, Bern
Eufenou

D Eufenou empfaat üs mit ihrer Glasseheit. Ihrer ewige Toufrüschi. Hie mues es Eufe ha, wo d Eufenou znacht uflade, ere ewigi Juged gäbe. Es isch eine vo de wenige Orte i dere Stadt, wo schmöcke. Unverbruucht. Suber wi d Juged. Nume gschyder. Jitz schmöckts scho nach der erfrüschende Süüri vo ryfe Frücht. Sys Brombeeri? Oder Summeröpfle, wo eim aasprütze, we me drybysst?

Si sy mer naach, d Eufe, und stryche mit ihrne fyne Häng über my Körper und myni Haar. Wi wes myni Schwöschterli wäre.

22. August, Bern
Früecher

A der Aare schmöckts geng no glych fescht. Und d Luft isch vou vo Rouch. Früecher, dänk i, wos no ke Kanalisation ggä het und aues isch d Flüss abcho, früecher, wo me no aus Guggers verbrönnt het zum Heize – es mues o denn viu Gstank ggä ha. Wahrschynlech no meh aus hüt.

Der Mond isch sozsäge vou. Ds Gras schmöckt trochen, es schmöckt fasch wi Tatamimatte. D Luft hautet der Schnuuf aa.

23. August, Bern
Lieblingsarome

Beieliwachs, guldigi, heissi Tröpf, wo chöi heile

Sanduhouz, du warmchauti, blauguldigi Chünigin us em Oschte

Neroli, Glücksstärn, wo d Angscht gschweigget

Rose, wo sech di müedischti Seeu usrugelet wi nes Farnschnäggli

Zimet, wo der Tag plötzlech chräuelet wi Schämpis am Fescht

Ggaffee, wo wi ne Sunnestraau bis ganz abe i Brunne schynt und d Schale mit Liecht füut

Mandle, wo ds Paradox vo bitter u süess läbt

Gaggo, e tröji Seeu, wo der nie verleidet, wüu si di geng wider imenen angere Farbton aaluegt

Bulgarische Thymian, di ganzi Hirtechraft … i chas nid säge, wi fein du schmöcksch – vilech morn …

27. August, Bern
Eigegruch

Wi das rägnet! Me het ds Gfüeu, der Himu wöu sech usschütte, ds ganze Eländ. Zwar isch dä Räge warm, und wes e Pouse git, schmöckts nach ere früsch dduschete Wäut. Wo mit Vorfröid e nöji Jahreszyt aafaat. Aber wes nid ufhört, wes Schütti um Schütti git, de chunnt e verzwyfleti, troschtlosi Note derzue, u de nützts mer nüüt, dass i weis, dass e Granat geng e Granat isch.

Wär ertreit sy Eigegruch uf d Lengi? We nume dä z schmöcken isch? Faat me sech de nid aafa im Säubschtmitleid wäuze, wüu me gspürt, was aues no nid im Lot isch, was missglückt, was misslunge, was verlore, weles Unrächt eim preicht, weles Leid eim troffe, weles Unvermöge eim plaget und weles Versäge?

Chlage über d Grobheit vo den angere und bi sich säuber o Grobheit finge. Was isch schwärer? Sich oder angeri z entschuldige?

Wäm vergit me ehnder Gstank, oder säge mer: Missschmöck? Bi den angere gumpets eim aa, nimmt eim der Schnuuf, und der Scharfrichter gumpet i eim uuf. Und bi eim säuber machts meh truurig aus wüetig, meh verzwyflet aus ungnädig, meh glähmt aus scharfzüngig.

29. August, Zürich
Herbscht mit Miuchggaffee

Herbscht mit Miuchggaffee. Im Waud wird ds Verspräche vo ryfe Frücht geng stercher. Öpfle, Zwätschge, Mirabelle, Brombeeri. Miuchggaffee im Fruchtverspräche und der Ärde, wo im Stärbe usschnuufet und schmöckt, wi we mi öpper imne warme, liechte Arm würd häbe. D Truur isch tief und my Hut so dünn wi ne Cairns Birdwing Butterfly. Di grüene Flügle lö la gah und Träne, Träne, Träne.

Schutzlos blutt bin i ungerwägs, niemer wehrt sech für mi, niemer rüeft mi zrügg. I wett i ds Chloschter zu de Nonne ar Rüüss. Echli bi mir sy, mit ere Dischtanz wi ds einten Ufer vom angere, d Houzbrügg chasch ja de geng wider näh.

30. August, Zürich
Wüeschti

E Wüeschti us Glas und Beton. Am Bode hets Glassplitter. Es schmöckt nach nüüt. Das isch d Höu. Und immer wider mues i derdür. Niemer bi mir. Ke Mönsch, nid emau my Hung Safir. Niemer. Ig ha o ke Blindestock, wo mer es bitzli würd häufe. I stah da, ohni Mantu, und mache der erscht Schritt. Ungschützt. I ghöre Outolärme. Es Dröhne wi vore Stadt. Süsch nüüt.

Und der nächscht Schritt. Ke Ahnig, was chunnt.

Nume Träne gits a däm Ort, wo d Hoffnig gstorben isch. Wo d vo niemerem me öppis erwartisch. Wo de aui Verletzige gspürsch vo dym Körper und vo dyre Seeu. Wo aues offen isch wi a dene moderne Kunschtussteligi, wo ds Inneläbe vo de Körper gnüsslech zur Schou gsteut wird. Sogar Verletzlechkeit und Usgliferetsy cha zum hippe Gfüeu mutiere.

Oder wi di Chnochegripp, wo Millione vo Jahr söue aut sy. Blutti Gripp. Filigrani und monumentali.

Aber hie isch ke Schougluscht, ke trendigi Schou. Es isch stiu. Es isch niemer da ussert mir. Und mym Plange namene Aroma.

31. August, Zürich
Ds usgwanderete Lieblingsdessär

A chauten Orte hets meischtens weni z schmöcke. Aber z Chile i däm chaute Nationaupark, wo me het müesse Füür mache i de Hüttli und i mer gwünscht ha, i wär nid so ne Gfröörli – i däm Nationaupark isch ganz unverhofft e heimelige Duft i my Nase zoge. Es het mi ddünkt, es schmöcki – nei, es isch ke Tüüschig – nach Öpfumues mit Schoggibitzli.

I ha zersch gmeint, vilech heig i eifach Gluscht uf mys Lieblingsdessär – schliesslech ischs Novämber –, aber di Fata Morgana isch bblibe. Wo mer öpper d Austrocedrus het zeigt, d Südzedere mit ihrne flache Nadle, und i die, win i das haut eso mache, ha zwüsche de Häng verribe, da ischs klar gsi: Tagelang hets dezänt, aber unüberschmöckbar, nach Öpfumues mit Nydle und Schoggibitzli gschmöckt.

1. September, Bern
Konditionierig

D Burmese äsä für ds Läbe gärn ddeerete Fisch. Für si schmöckt das herrlech. Ds Wasser louft ne im Muu zäme. Für üs stinkts und es stosst üs ab. Scho nume drum, wüu mer dra dänke, wi di Fische grad näbe der Stinkstrass ir Sunne sy gläge zum Trochne. Fisch und Abgas hei dermasse gmegget, dass es mer schlächt isch worde. Und jitz servieren üsi burmesische Gaschtgäber ddeerete Fisch zum Zmorge, es typisches burmesisches Zmorge, sehr nahrhaft. Üs lüpfts e Momänt lang, när fö mer tapfer aafa äsä. D Burmese gigele wi Schueuching, won e Streich plane.

D Nase laat sech nume schlächt la umstimme. Was se einisch gruuset, gruuset sen immer. Was si gärn näslet, das näslet si geng mit Vergnüege.

Aber einisch han i se glingget. Es chunnt mer i Sinn, won i näb em Ghüderchübu düreloufe. Es überrascht mi, dass mi das Gschmäckli nid gruusig dünkt, sondern dass es mer vertrout vorchunnt. Wermi stygt i mer uuf. Hä? Es schmöckt nach autem Ggaffeesatz. U dä bitter, süürlech, unerfröilech Misston erinneret mi a myni Zyt i däm Sekschueuhuus, won ig ha Lat gno. I däm Schueuhuus hei si irgend es Jubiläum gfyret, und bir Vorbereitig uf das Fescht hets plötzlech überau gstunke: i de Gäng, i de Zimmer – sogar uf em Pouseplatz. Am Aafang han is fasch nid chönne gloube, dass das niemer stört. Dass niemer abglänkt isch während de Büeze. Dass d Lehrer chautblüetig drüber wägg göh. Mi hets fasch gstruusset. Won i mau ha gwagt z frage, was da so gottserbärmlech meggi, het di schöni Lehrere d Achsle zuckt mit ihrer warme, aber nume haub beteiligten Art und gseit: «Ah das? Das müesse di Ggaffeeseck sy, wo mer bbruucht hei für d Dekoration.» Jute isch denn grad en vogue gsi. Me het o Ggaffeerahmtecheli u Ankepapyrli gsammlet, mir ischs vorcho wi nen Ablasshandu. Und äbe: Jute statt Plastig.

Guet, han i ddänkt, di Fete geit ja düre. Aber natürlech isch o nach em Abmontiere vo so viu Jutepracht dä Unduft blybe hange. Dür nüüt het er sech la vertrybe, kes Lüfte, kes Putze het bbattet. Mir sy wyter i d Schueu ggange, umgä vo däm Aroma vo abgstangnigem Ggaffee, suur, bitter, grüen irgendwie – vilech isch das Züüg emau füecht worde –, und langsam, langsam het sech sogar my Mimosenase dra gwanet. We der Ggaffeesack isch i my Nase gstige, han i gwüsst, i bi da, i bi gärn i di Schueu, es isch mer woou gsi bi myne Ougegspändli, viu wöhler aus mit mynesglyche ir Sonderschueu, und das Woougfüeu het sech mit em Ggaffeesack verchnüpft, und i ha dä Duft gärn übercho, heimelig het er mi ddünkt, e sichere Wärt, wi d Wermi vom Lache vo myre immer liecht amüsierte und liecht zerströite Lehrere, und ig ha ne vermisst, won i bi i di nöji Schueu cho.

2. September, Bern
Füchsli

Über der Schweue. Im Rych hinger de ygmottete Mäntu. Hie bewege sech d Mönsche wi uf Schlööf, liecht, wi we si im Wasser würde schwäbe. D Luft isch ds Wasser. So nordisch chüeu, ohni Müe pfylet ds Kajak über e Spiegu.

Es isch wi a däm Tag im früeche Herbscht, won ig i Tierpark tänzlet bi. Der Laurin näbe mir, vertrout und warme Brüetsch. Mi hets tschuderet. Ig ha ds Gfüeu gha, i syg liecht wi ne Fee, i gsäch dür aues düre. I luege de Mönsche und mir zue, wi we mir us emne Film chiemte, mir hei ke Härd me i nis und kes Bluet. Nume Blöji, numen es tifigs Kajakrueder, nume d Stiui vo unbeteiligete Bärge und ds Schwyge vom Waud.

Nüüt tuet mer weh a däm Morge us Krischtau. Si hei nis Tier zeigt. Wo mer hei dörfe mit de Häng aaluege. My Liebling, der jung Yschfuchs. I stuune hüt, dass me üs Ching denn das winzige, hiuflose Gschöpf – es het i my sibejährigi Hang möge – aavertrout het. I bi a d Reie cho. Ha myni Häng ufta. Ha ds Füchsli gspürt. So Sydefyns han i nie vorhär öppis gspürt. Ig ha aui und aues vergässe. O der Laurin näbe mir. So öppis gits auso, so öpper Fyns. I bi nid aleini. Und das Füchsli isch viu usglifereter aus ig. Es isch z chlyn, zum furtspringe oder sech wehre. Syni Öigli sy no zue.

Ig ha mer denn nid überleit, dass das für das nöigeborene Läbeli wahrschynlech e Bedrohig gsi isch. So vili Chinderhäng. Es het ke Angscht zeigt, mys Füchsli. Isch i myne Häng gläge wi inere warme Höli. So fyn, win i nume ha chönne, han i ds Sydefäu gstrychelet.

Si hei mers rächt lang gla. Mys wache, verzouberete Gsicht hei si verstange.

Der Abschiid isch de glych no gnue schnäu cho. Klar han i no bbättlet: no chli lenger. Aber ig ha scho früech glehrt, Truur stiu z häbe. Wi ds Füchsli.

Der Laurin isch glychmüetig wi der Herbscht. Mit Geduld ertreit er my Begeischterig. Jaja, isch fyn, sicher. I bi geng ume froh um sy Glychmuet. Und er isch froh um d Wermi vo myre Fröid. Er laat mi nid us den Ouge. Es wär üs z längwylig ohni enang. Es git weni i dere Schueu, wo üs forderet und förderet.

I begryfe, dass der Laurin my Erfahrig nid cha teile. Aber er isch froh, dass i se cha ha. Truurig bin i, wüu ds Füchsli nie meh i myni Häng chunnt. Es wachst ja de oo und wird gross und bysst vilech. Aber es isch by mer bblibe bis hüt. U bsungers a Tage wi hüt ligts wider i myne Chinderhäng, wo ganz süüferli, süüferli –

3. September, Zürich
Septämberklar

Der Ouguscht isch düre. Der Monet vor Ungeduld. Vor Ulydigi. Vor Unsicherheit.
 Jitz isch der Monet vor Klarheit. Vom liechte Wüsse. Vom aromatische Schwyge.

3. September, Zürich
Eukalyptus

Di meischte assoziiere Eukalyptus mit Hueschtetäfeli und Ercheutigsbeder. Eukalyptus isch im Schublädli «Oh, ig Arms bi chrank» abgleit. Vor auem d Manne chöi drum däm Duft hüüffig nüüt abgwinne. Wüu ercheutet sy für si eso nes Malheur isch.
 Z Chile hets Eukalyptusplantage. Ar Steu vom Rägewaud. Houptsach, es wachst schnäu.
 Lychegruch ligt über em künschtleche Waud, ds Pfui vo schnäuem Gwinn um e Prys vor unvorsteubare Viufaut. Z Chile stinkt der Eukalyptus nach Chatzebisi, ds Unrächt verätzt d Aatewäge.
 I de Blue Mountains isch es stiu. D *Bell Birds* lüte i de Boumchrone, en unwürkleche Ruef, me weis nid sicher, ischs Lockruef, ischs Warnruef – du schnuufsch y und bisch ganz us Fröid, jede Schritt isch e Tanzschritt, jede Gedanke isch Zueversicht, jedes Schwyge isch es Lächle-Stuune, jedes Wort isch es Müntschi. D Sunne het di fescht im Arm und der Duft, e Schmychu-Hunig-Ton und e ganz dunkubruune Houzton, derzue e Chopfnote, es Elixier, ganz en intensivi Farb, vilech violett, aber nid so schwär, vilech Flider. Mit jedem Schnuuf inhaliersch e Droge und versteisch d Koalas. Ds weiche Hingerteili uf emne herte Ascht, selig sy si am Mampfe und Chafle, si bruuche nüüt angers.
 O am Aabe chüeuts nid ab. Überau isch dä Bausam, wo beschwingt. Aber niemer isch lut oder übersüünig.

Jede isch uf ere Wulche, o ohni verliebt z sy, derby aber nid benäblet u träg wi d Koalas, sondern vou Tanz, vou Fröid, vou Rägeböge.

Spät – d Wäut besteit us Hitz und Eukalyptus-Usdünschtig – e Fläsche Sparkling Red, wo der Glenn im Chäuer no gfunge het. Und won i es Glas verschütte, fingts nid emau öpper schlimm.

4. September, Zürich
Geburtstagsturte

Geschter am Aabe spät hei mer no bbachet. My Lieblingsschoggichueche. Us em aute Bärner Chochbuech. I eint han i Rosa-centifolia-Rosewasser yneta. I anger e Tropf Rosenöu. Es het so starch gschmöckt, dass i ha Schiss gha, d Turte syg ruiniert. Bim Bache hets nach Vorfröid uf ne Geburtstag vomne junge Mönsch gschmöckt. D Rose im Chueche mit Rosenöu het me chuum gmerkt. Es het nid nach Rose, sondern eifach ganz intensiv gmundet, eso wi we me gueti Musig dür ne guete Versterchere laat. Und won i es paar Brösmeli, wo ar Chuecheform sy blybe chläbe, ufgschläcket ha, han is plötzlech gwüsst.

D Tatsach, dass ig ächts bulgarisches Rosenöu und säutnigs, eimaligs bulgarisches biologisches Rosa-centifolia-Hydrolat i my Chueche cha schütte, das sy di Rechercheerfouge, wo mi am meischte fröie. Wen ig öppis finge, wo zämepasst, de isch mys Glück perfekt. Das steut mi no meh uuf aus journalistischi Erfouge, wen ig irgendwo öppis usegchnüblet ha, wo vor mir no niemer isch drufcho.

Und es git no öppis, wo mi laat la singe vor Fröid: Wen i merke, dass e junge Mönsch, eine vo myne Eufe, wo für mi gschaffet het, sys Wäse het chönne schlyfe, Muet bewyst oder über sich usewachst, konzentriert cha schaffe und sech besser cha usdrücke, de bin i zfride und ganz tief.

Der Schoggichueche, dä hets jedes Jahr ggä ir Blindeschueu, aus Geburigschänk, und i ha dä Chueche schampar gärn gha. Und z Basu hei mer ne em Sandy bbachet, i dere Schueu, won i ha glehrt hushaute, vo Hang schrybe und d Ample ufgrund vom Ghör chönne beurteile.

Won i cho bi, het der Novämber ghuset, d Bise isch ggange bis uf d Chnoche. Swing isch über der Stadt gläge, d Luft suber wi nes polierts Möbu, Ufbruchstimmig.

Der Sandy het nume zwo Wuche glychzytig mit mir i dere Schueu gläbt. Er het Muurer glehrt, und churz vor der Abschlussprüefig dä Unfau. Sy Chifer vertrümmeret, ds Ougeliecht verlore. Der Sandy het wider glehrt rede, es het tönt, wi wen er e heisse Härdöpfu im Muu gha hätt, aber er het sech fescht Müe ggä bim Rede, und nach es paar Tag han i ne guet verstange. Er het nid gredt über sy Unfau, über e Verluscht vom Ougeliecht. Aber me het d Verletzig gspürt, dermit o ne Fröid, e chindlechi, warmi Fröid het der Sandy usgstraut. Ganz bsungers, wen ig i Hörwyti gsi bi. Was em Sandy passiert isch, het mi natürlech brutau ddünkt. Aber am schlimmschte isch für ne, dänki, dass er jitz nid uf sym Bruef cha schaffe. Dass er irgend ire gschützte Wärchstatt sys Dasy mues frischte. Dass er sich kes Umfäud us Ougemönsche cha ufboue. Natürlech weis me ja nie, was em angere sys Glück isch, und vilech hets ja der Sandy nid so empfunge. Aber was het er wöue? Gross useläse het er nid chönne. Das het mi möge für ne.

Er het guetmüetig und flyssig aues glehrt, mit em

Langstock loufe, Brot schnyde, mit Mässer und Gablen ässe, Zmittag choche, Stoubsugere etc.

Ig ha der Sandy gärn gha. Vo Aafang aa. Und der Sandy het mi o gärn gha. Sys Gsicht het gstrahlet, wen i näben ihm gsi bi, und i ma mi bsinne, dass i mängisch sy Arm ha aaglängt us emene spontane Gfüeu vo Zueneigig. Der Sandy het nie versteckt, dass er mi bevorzugt het, dass i sy Liebling gsi bi.

Und dä Geburtstag vo ihm, Mitti Novämber, wo mer i bissigschtem Bysluft use sy, bis mer aui ds Muu chuum me hei abenang bbracht und bis uf d Chnoche düregfrore gsi sy wi Poulet im Gfrierfach, daheime hei mer richtig müessen uftoue. Toub vor Cheuti bin i uf em Bank gsässe und ha dra ddänkt, wi mer wi imne Märli us em höche Norde mit der Fähri über e Rhy gfahre sy, ohni Lut, wi we mer i ds Land vom Glück würde fahre, wo ds Glück quasi ir Cheuti konserviert isch.

Es isch e magische Namittag gsi, d Bise het Swing i d Gruppe bbracht, mir hei aui der Abschiid vom Sandy beduuret, aber der Namittag isch gschmulze ir Fröid und Härzwermi.

Schoggichueche hei si uftischet, Schoggichueche und Ggaffee.

«Näb wäm wosch hocke, Sandy?»

«Näb der Séraphine», het er gseit, es het tönt wi nes Juble.

Ganz überrascht bin i brav näb e Sandy ga hocke. Paff ob so viu Ehrlechkeit.

Ougemönsche hocke vis-à-vis. Mir hocke lieber näbenang.

Langsam sy üsi Glider uftouet, mir hei glachet und Chueche vertromet.

Am Aabe, wo sech aui i ihri Zimmer hei zrüggzoge – i bi mer vorcho wi ne Prinzässin im gröschte Zimmer, mit myre Harfe, der Daphne, und em schmale Sytefänschterli i Garten use, wo der Ton vom Windspiu mi het i Schlaf bbuttelet –, da ghört me ne Türe gah. Aus het me ghört i däm aute Huus, es het ggyxet u grugget u gchnorzet. I ha ghört, dass es em Sandy sy Tür isch. Er isch hin und här gloffe im grosse Gang, und er het pfiffe. Es Signau. E Ruef. Er het sech nid trout, a my Tür z chlopfe. Er het sech nume trout, mir z pfyfe. Wi nes Ching. So ischs mer zmingscht vorcho.

Ig ha überleit, söui jitz use und ne frage, was syg. Ig ha mi nid trout.

5. September, Zürich
E Heimat us Gwürz

Ar Museumsnacht isch es. Plötzlech Curry. Warm. Zimet, Kardamom, Nägeli, Chrüzchümi. Und es Gfüeu: Es isch guet, es chunnt guet, und das Läbe duuret genauso lang, wis guet isch.

Abhöckle und Pakora schnouse, Samosa, Dal. Ds Läbe gramselet wohlig i de Glider. Zfride mit auem, ufgah im Zouber vo däm Aabe, wi nes Supplement zum Summer, no einisch im Gras uf eme Chüssi hocke, es stört mi nid, dass es no meh Mönsche het. Es isch mer glych, dass si styf, chli bünzlig sy, trotz em starche Schnaps, wo si usschänke. I lose eifach dere Stimm zue us der Steppe, wo mau tönt wi ne gschliffeni Mässerklinge u de wider warm wi der Summerschnuuf us der Steppe, wo im Früelig tuusig Tulpe blüeje. Derzue d Viola vom ungarische Musiker, wo z Indie glehrt het. Fyn buttelet er Tön, drääit Lätschli und Rüüscheli, de wider galöpplet er uf em chlyne, zääie Mongolerössli, zueverlässigs Ryttier für d Sängere, wo meischtens im pentatonische Wiegeli singt, di weiche Wäue vom Gras. Moll. Dasitze mit em Curry im Buuch und ganz sy, zfride sy.

Hüt bruuch is grad no einisch und choche es Curry, wo der Name verdient. Scharf und warm und derzue Sparkling mit *Rosa centifolia*. Der Chlepfmoscht und d *Rosa centifolia* sy es Troumpaar. Und der Rosocolat-Chueche mit Rosenöu isch e Wurf!

6. September, Zürich
Rosocolat

Zwe Tag und drei Nächt het er Zyt bbruucht. Wi wen er ds Rosenöu hätt usbbrüetet. Am Aafang ischs nume nen Ahnig gsi. E gsteigereti Intensität, wi mängisch, we me Safran i ds Brot tuet. Es isch eifach so fein, aber me weis nid, wiso. Aber hüt am Morge sy d Hasulämeli ufbbroche, ds Wunder isch wach uf mym Täuer gläge und i ha i Himu bbisse.

Es rosarots Schiff het mi glüpft, isch us em Meer vo Ungeduld und Ulydigi uftoucht, us em Meer vo unglöste Frage und nid interpretierbare Tröim. Es cha flüge, das Schiff. Isch wi ne Pegasus, wo mi treit, es isch gsi, wi wen i gar ke Angscht meh müesst ha, wi wen aues guet isch und aues guet chunnt.

Stiu han i vor mi häregsunge und ha myni rote Locke i d Morgechüeli töichlet.

8. September, Zürich
E gueti Nase für Fründe

Der sydig Suhn schrybt, dass er d Mönsche nid gärn schmöckt. Das tröschtet mi, mir geits ja mängisch ähnlech. Es chunnt usgsproche säute vor, dass mer öpper schmöckt. Wen i öpper aber gärn schmöcke, de schmöckts nare starche Bindig. I frage mi, öb me Mönsche erchennt a ihrem Duft. We de das schmöcksch, de weisch: Das isch öpper, wo mir naachsteit. Aber settigi gits würklech nume weni.
 Aber es git se.
 Aber es git o die, won i wahnsinnig gärn ha, o we mi ihre Duft nid umhout.

10. September, Schwarzwald
Bluetwurz Benzoe

Der Schnaps isch us Bluetwurz gmacht. Und schmöckt nach Benzoe. Schmöckt wi nes heiligs und troschtläbigs Rituau. Der Waud schmöckt fescht, d Tanne möge o ir herbschtleche Chüeli no schmöcke. D Matte schmöckt no znacht spät nach Chrüter, der Selin meint zwar, das syg der Mischt. Us em Gras bewege sech Tier und hopple dervo. Und am Himu isch d Miuchstrass. Ändlech wider mau. Zäme mit Spure vo Flugzüüg. Der Zwätschgechueche isch sehr zwätschgig. Saftet mer über d Häng. Und ds Ässe schmöckt intensiv. Rehfleisch. Zwätschge. Schupfnudle, wo nach Ei schmöcke, früsch und guldig bbache. Gmües, wo nach Sojasauce schmöckt, intensiv wi z China. E Wy, wo nach grüene Sprosse schmöckt, nid grad e Fröid. Aber d Bluetwurz tröschtet drüber wägg.

Vilech het dä Name, wo zersch chli morbid würkt, mit Läbe z tüe. Läbigs Bluet. Guet für ds Bluet, verbindet er d Chreft vo obe und die vo der Tiefi und beläbt die, wo no nach vier freie Monet ihri Müedi gspürt.

Ir Summeregg hets ar Türe auti Wagereder. Es Schindlehuus ischs und i de Wagereder Ähri haub vermoderet vor Auter. Der Tür naa wachst e läbigi Rose, und obe drüber hange tibetischi Gebättsfahne. Zum Gschmack vo Miuchggaffee, emne veritable *Flat White*, macht der Selin e Foto vo dere Tür. Der Tanneduft isch nid ganz eso euphorisierend wi der ouschtralisch Eukalyptus. Aber es geit i die Richtig. O ds Grüen verbindet d Chreft vo obe und die us der Tiefi.

11. September, Schwarzwald
Schoggimassage

Waud, my auti Liebi. Du verleidisch mer nid. Geng chum i wider zrügg zu dir cho schnuufe, tief, tief. Wär im Waud louft, isch liecht, und es isch nümm so wichtig, öb aui Tröim wahr wärde, öb me aus erreicht, wo me wett. Nei. Me het ds Gfüeu, irgendeinisch träffi me scho di richtige Mönsche und de göngs wyter, Schritt für Schritt, und de chunnt mer wider der Spruch i Sinn vo myre Tanzlehrere, wo ganz undivesk uf ne schygge arabische Name verzichtet, wo doch so ne schöne Nimbus gäb für ne Buuchtänzere: «Es wird geng intressanter.» Si wird gly sächzgi.

Im Bad Dürrheim – so öppis Sonderbars, so viu Solewasser amne dürren Ort – gits warms Sauzwasser und e Schoggimassage. Zersch dusche mit emne Peeling mit wysser Schoggi, de uf warmi Tüecher lige wi ne Chünigin und di widerstandsfähige Häng vor Masseurin mit der warme, dunkle Schoggicreme. Es isch bitter und het Tiefgang, was da a my Nase chunnt, und der Widerstand vor dunkle Schoggi uf myre Hut isch es Fescht. Wes so fescht nach Gaggo schmöckt, cha me nid angers, aus sech sicher füele. Si massiert mit der flache Hang, sodass is nid aus Aagriff empfinge. Es isch meh es Verteile vor warme Schoggi, es Ymassiere vom Würkstoff, aus es Chnätte.

Am Schluss lig i no i nes warms Bad, wo wider e fein schmöckigi Miuch drychunnt, wo nach Sanduhouz schmöckt, und es blääterlet mit mer genau euf Minute lang.

I dere Zyt riben i d Schoggi ab mym Körper.

Ds Ergäbnis isch frappant. Es chunnt mer vor, i hätt uf myne beide Syte vom Mage bis zu de Achsle ufe e bequeme, aber feschte Stoff, wi ne zwöiti, starchi Hut, wo mi stützt. Wo mer Stabilität git. Wo mir Muet git, Spiufröid, Zueversicht.

Guet, dänk i. Scho lang gits Massage. Gits Behandlig mit Arome. Gits Abruble und Peele. I verschidene Kulture. Aber dass mir so degeneriert sy, dass mer no ne Badwanne mit Farbespiu und künschtlechem Stärnehimu und Mantramusig bruuche, wo di ganzi Stung tupfglych isch, immer ds glyche Lied, das macht mi nachdänklech. Me chönnt, so dänk i, ja eifach o i Waud, töif schnuufe und es Glas Tannehunig mitnäh für füüf Euro füfzg.

13. September, Zürich
Mys Troumparfum

Ig erwache nach de füfe us em Angschttroum.

Aber jitz isch aues klar. Di ganzi Nacht lang het eine d Charte nöi gmischlet. Sorgfäutig, aber ganz locker.

Aues isch klar, und öpper schlaat es grosses, dicks Papyr ume, schlaat e nöji Doppelsyten uuf, wo früsch und wyss da ligt. Öpper git mer e Stift i d Hang und seit: Schryb!

Das Buech, wo mys Läbe dry gschryben isch – i bi nid ganz sicher, sy das mehreri Läbesgschichte oder isch das nume myni –, das isch schön.

Wärtig, i Läder bbunge. Oder Lyne? Nei, es isch stabiler aus Lyne, d Syte sy sehr gross, und es faut mer uuf, dass ds Buech zmitts drinn ufgschlagen isch. Es het no viu lääri Syte.

Es schmöckt so guet, dass mer aues liecht faut, ds früeche Ufstah, ds Paratmache. Es macht mer Fröid und am Viertu vor sibni bin i scho dusse mit em Safir.

Wi söu ig jitz schrybe über *mys* Parfum? Wen i d Formle wüsst für di Note, wo mi hüt am Morge gweckt het. Wo mi treit het dür e Morge. Hie i däm Wage stinkts. Nach biuigem Ässe, Zibele und Chnoblouch, ungwäschne Chleider, stoubige Chleiderschäft, nach unpflegte, ungsunge Mönsche. Es stinkt. Mängisch han i Angscht, i wärdi irgendeinisch zum Misanthrop.

U derby wett i doch vo mym Parfum schrybe, vo däm Duft, wos bessere chuum eine cha gä.

Wis bi fyne Sache hüüffig der Fau isch, so würke si am meischte. E zarti Chopfnote, ryfi, ächti, saftigi Öpfle. Öppis wi ne realistischi Hoffnig. D Basisnote sy di früsch gwäschne Nadletön vom Spätsummer und Frücherbscht. Rosmarin ghört dry, wo ne Chopfnote und e Harznote het. De warmi Nadle, Föhre, Tanne, zum Teil scho ganz weni vermoderet, und ds letschte warme Gras. Aber vo auem nume ne Huuch. Sublimiert aues.

D Härznote isch am schwirigschte. Es isch wi ne ganz weichi Moschusnote, aber äbe ächt. Hunig isch o nen Assoziation. Aber nid das plakativ Süesse, wo me viumau schmöckt. Sondern e früsch gschlöiderete Blueschthunig vo wytem.

Jahrelang würd i pröble zum usefinge, wi di Formle geit. Es würd mys Lybparfum. D Mönsche würde tanzen und singe, ohni dass si sech bewusst sy, dass si da es Parfum schmöcke.

20. September, Simplon
Der abglöscht Simplon

Däm Land, däm Berg, dene Steine, dene isch aues glych. Si erduldes, hautes uus. Niemer mugget uuf. Ke Protescht, ke Revolte, ke Ufruer. Nid emau e Verschwörig.

Es isch schön. Doch. Es schmöckt mängisch schüüch nach Föhre, nach Nadle, Harz, nach weni Räge. Und es het dä aquatisch Polargschmack. Wi söu i jitz dere Note säge, dere chaute, wysse Hang, dere ysblaue Note, nach was schmöckt dä Herbscht, wo scho fasch chaut isch?

Nach so längem Loufe wett me so gärn der Duft vo früschem Zwätschgechueche mit Quarkteig oder Härdöpfutäschli mit Marronimääu. U nid dä bider Suppedunscht.

Aber das Ungrüerte isch vilech o eifach der Wäg vom gringschte Widerstang.

Oder vilech, vilech isch das Land abglöscht, wüu keni Muutier me drüberloufe, wüu d Dörfer geng meh zu Schlaforte verchöme, wüu ke Poschtgutsche me fahrt, wüu der Simplon di Bedütig nümm het, won er mau gnosse het. Ungerdüre isch aagseit, rase dür e Bärg, nümm chyche über e Bärg.

21. September, Saaser Tal
Lärchewaud

Grüenguldige Lärchewaud. Du passisch mer. U wi du schmöcksch! I tünkle my Finger i dys Harz. Dys Bluet, wo dy Wunde wott schliesse, wo dir Mönsche gschlage hei. Da hets e Spur, wi ne Adere us Harz, langsam loufts u i tupfe mit mym Finger dry, süüferli, süüferli.

Lueg, es isch wi im Droste-Gedicht vom Mond: «Und aus den Richtern wurden sanfte Greise.» Das Lärcheharz verurteilt niemeren. Es weis. Es schwygt. Es ertreit sy Einsamkeit. Es weis so viu vom Läbe, aber biudet sech nüüt druuf y. Und doch hets überhoupt nüüt Duldsams, nüüt vo dere fasch apathische, masochistischen Art vom Land geschter. Nei, es isch sech sicher u louft langsam. Es wartet, bis me zue nihm chunnt.

I chume, Lärchewaud, i umarme di. Nadle, wo weich sy. So weich. Und im Herbscht guldig. Das bin ig. No sy mer beidi grüen.

26. September, Zürich
Arveharz

Der Selin nimmt es Chlümpli Arveharz, wo uf em Tisch vergässe ggangen isch. Er röicherets. Schmöckt besser aus Benzoe. Weicher. No fründlecher. Es dünkt eim, das syg chuum müglech. Isch es aber.

Ja. Das Harz heilt Seele. Seele, wo ds Wort nümm erreicht, nid emau me d Berüerig. Si gsunde. Wartet. Chömet. Ig überchume gli gnue Harz.

D Düft göh diräkt i ds Hirni. I d Gfüeu. Ohni Umwäg.

29. September, Zürich
Di achti Kunscht

Er isch jung und sprüeit vor Idee. Er gspürt d Parfums ob der Nase, zwüsche de Ouge, dert schmöckt er se, und när mues er d Chemie überlischte, dass si ihm das härgit, wo ihm sys dritte Oug ygit.

Mängisch geits e Stung, u mängisch geits drü Jahr.

Es gäbi, seit er, nöji Ingrediänze, Pflanzenuszüg vor auem, wo me bis jitz nid het chönne usenäh. Ginseng zum Byspiu und Fruchtextrakt. Vo Bire, vo Mango und vo Cassis. Die mischle mit Synthetik, für dass si glatt poliert usgseh. Weli Technike d Produzänte vo dene nöie Pflanzenessänze und de synthetische Arome ysetze, weis er nid. «Das isch mir glych», seit er. «I bi eifach froh, sy si da.»

Er wott d Würklechkeit nid nöi interpretiere. Er wott der Natur müglechscht naach cho, im Wüsse, dass es geng en Abbiudig blybt. Es Foto, seit er, müglechscht klar, müglechscht scharf.

Und wen er zum Byspiu Amber seit, de bout er die us angere Subschtanzen uuf. Er macht e Fougère-Duft, aber us angerne Ingrediänze.

Oder o d Iris. Die macht er us de Frücht vom Läberwurschtboum, wo Blüete het, wo usgseh wi roti Irisblüete. Und ds Resultat schmöckt no viu verrückter nach Iris aus Iris säuber.

Und uf der Hut vor Opal schmöckt der Mangoduft eso fein, wi we si di ewigi Juged wär, wo sech ire

Mondnacht ire chüele, subere Queue spieglet. So viu Schönheit. Und lueg da, wi zmitts i de Harz und de Höuzer e Zitroneverbenebusch steit, und d Morgedämmerig het es Härz us Cassisbletter.

Hie bin i daheim, i dere Wäut. Liechtfüessig gahn i derdür. I bi so. I mues es nid spile. Und i weis, wäm Absinthschöggeli gä und wäm Jasmintee. Der rund, fyn, us Suzhou.

Duftwäut, du hesch mi. Für immer und ewig, amen.

30. September, Zürich
Fanfare

Das Parfum heisst sicher angers, für mi isch es d Fanfare. Wis richtig heisst, weis i bis hüt nid. Aber i würds sofort kenne. Es Sibezgerjahr-Parfum. Eis, wo päägget, wo tröötet, Trumpete, und nid die vom Miles Davis. Und o nid grad di reinschti. Ehnder eini, wo inere Guggemusig spiut.

Mi hets gstruusset, jedesmau, we my Tante, parfümiert mit der lybhaftige Säubschtüberschetzig, isch derhärcho. So plakativ wi das Pääggi-Parfum isch nid emau d Madonna.

Und de speter my Cousine Arianna. My Mueter het se sehr gärn gha. «Es schmockt gut», het si aube gseit, we my Mama am Sunntig e Brate het i Ofe gschoppet. D Arianna het mit emne charmante wäutsche Akzänt Bärndütsch probiert z rede.

Ar Arianna het ds Fanfareparfum besser gschmöckt. Wüu si säubschtbewusst gsi isch und sech het chönne i Szene setze, ganz säubverständlech. Aber o da hets päägget und het mer der Aate gno.

U my Mama, di het sech für bsungeri Aaläss Calèche aagsprützt. Amazone, win i speter ha usegfunge. Zueggä, es isch ere gstange, das synthetische Meieryslisüppli, aber mi hets schuurig ddünkt. Und i ha ddänkt: Ja guet, de sy di Parfums nüüt für mi. Wüu Calèche isch so fad wi ne Griessbrei und ds angere isch Chatzemusig, und da bin i de auso scho differenzierter. I bi zwar gärn lut gsi, aber o ganz stiu, versunke, verschwunde. Und mit däm Parfum het me niene häre chönne verschwinde. Ke Chance.

Hätt doch d Fanfare ganz lut trumpetet, wo d Arianna uf dä Boum zuegfahren isch! Hätt si se doch gwarnet! Zwänzgi isch si worde.

Und bi ihrem Tod het my Mama ggrännet, was so säute vorcho isch, dass es fasch no der grösser Schock gsi isch aus di wägggschrisseni Arianna.

4. Oktober, Bern

Du schmöcksch mer

Am Mittag schmöckts nach früsch bbacheter Focaccia und Chürbissuppe mit Fänchu und Münze.
 Der Oriol het gchochet.
Und speter bir Alexandra nach Gummibärli us em Muu vom Ching, derby hets Pommes Chips ggässe, und d Alexandra seit, dass si und ihre Maa sech geng möge schmöcke, o we si drei Tag lang uf em Zäutplatz nid dduschet hei, o we si zangget hei. Schön.

5. Oktober, Bern
Mys Glück

Bim Heifahre schmöck i d Öpfle, won i bim Puur gchouft ha. Es schmöckt wi bim Grossvatter i der Schüür. Ömu es bitzli.

I bi aube ganz aleini i d Öpfuschüür. Bi de Harassli naa ggange. Ha d Hang über d Öpfle la loufe. Glatt, chäch und chüeu sy si i myne Häng gläge. Aber gschmöckt hei si guldbruun und rotbruun, gschmöckt hei si nach emne Glück, wo glychzytig gchräuelet het vor Süüri, ganz tief i my Seeu ghuuchet het und sogar no d Truur mit ybezoge het. Wen i bi dene vile Öpfle gsi bi, wo ohni Wort zue mer gredt hei, de bin i glücklech gsi und ganz fescht nid aleini.

Ig ha mit niemerem drüber gredt.

Höchschtens mit de Öpfle.

6. Oktober, Schaffhausen
Erstunke, aber wahr

A mym Geburtstag schmöckts nach Loub. Nach ryfem Loub. I wett e Sack füue us weicher Bouele mit däm schmöckige Chräschliloub und druff yschlafe, zämegrugelet wi uf der Blätzlitechi. I wett, i wär es Tierli, wo sech us Loub es Näschtli macht und i däm troschtryche, guldbruune Schmöckibett ypfüüselet.

Der Safir het o aafa schare, plötzlech, es het tönt, wi wen er sech wett im Loub trööle, aber uf ds Mau hets platschet und zablet.

Zersch han i no glachet, ha ddänkt, der Safir syg äuä i Rhy gheit. Aber d Scarlet isch grennt, wi we si d Gfahr gschmöckt hätt. Es offnigs Rohr, es Loch im Bode, und der Safir zablet drinn und cha sech a de Betonwäng nid häbe mit de Pfötli, rütscht immer tiefer i d Bschütti. Es stinkt mörderlech. Si überleit nid lang, si packt der Hung, wo sech zersch no wehrt, und schrysst ne us der Bschütti.

Der Hung, gstresst win er isch, schüttlet sech, rennt wi wiud uf der Matte desume, schnuppet, macht Pirouette, raset hin und här, scharet im Loub. Irgendeinisch glingts mer, ihm verständlech z mache, dass er sich im Rhy cha abspüele, und er ligt i ds subere Wasser und spüeut sys gschändete Fäu.

Speter merk i, dass er himpet, hinge linggs. Es stinkt bestialisch. Mir wirds schlächt. Der Safir isch duuch und ma chuum me wädle.

Ungerdesse geits ihm besser. I bringe ne morn glych zum Tierphysiotherapeut, zum nüüt z verpasse. I däm schreckleche Gstank hätt ja mys Hündli chönnen ersticke, ertrinke. Was für ne Säge isch es, Fründinnen und Fründe z ha, wo im Notfau ke hysterischen Aafau hei und ke akuti Lähmig, sondern mit Härz und mit Chraft zuepacke und wenn nötig zueschlö.

I bi hei. Di eutere Herrschafte im Nachberabteil hei gwärweiset, was da so schmöcki, und d Frou het gmeint: «S schmeggt nach Kaffiboone, findsch nit?»

Daheim han i ne ganz lang bbürschtet und de mit Patschuli ygsprayt. Das hiuft. Jitz schmöckt er nach däm runde Patschuli, voore rund und hinge chratzig, wi Rakia ...

Ggässe han i ir *Summerluscht* und ir *Linde*, und gspaziert sy mer im Paradys. Dert isch der Hung i d Höu gheit.

14. Oktober, Salvador
Im Jetlag

In meinem Kopf schwimmt der Nebel zähflüssig wie der weisse Crèmekäse, den die anmutige Frau auf den Tisch stellt. Ich beneide sie um ihre geschmeidige Sprache, Musik aus Freundlichkeit und Wärme. Fernandas Buffet riecht wie die Auslage in einer Bäckerei. Nur besser. Viel besser. Wie Erntedankfest. Es riecht nach liebevollen Händen und guten Zutaten. Fernanda ist üppig wie ihr Frühstück. «I think this important for a good start into the day.» Törtchen und Küchlein, duftende Brötchen, pikant und süss – die reiche Tafel einer Geniesserin. Trost von Südfrüchten für einen vom übereilten Tempo schwankenden Körper. Mein Kopf ist voll Nebel, Hafengeräusch und Hundegebell, Vogelgeplauder aus der nahen Palme.

Später kauere ich mich in die Geschichten, erzählt in gebrochenem Englisch, der italienische Akzent hörbar. Eine Frau, die mit ihrer dreijährigen Tochter fortgeht, in Bahia ankommt und weiss: Hier bleibe ich. Ein heruntergekommenes Haus kauft. Dann ein noch ramponierteres. Das Dach ist eingestürzt. Prostitution und Drogen im ehemaligen Versammlungslokal irgendwelcher Frommen. «It was raining inside – they were very happy when I bought it from them.» Niemand habe irgendjemandem Miete bezahlt.

«Ich dachte, vielleicht kommen vier oder fünf Touristen.»

Fernanda wollte eine Pousada. «Dann kamen so viele, so viele – ich brauchte ein zweites Haus!»

Nun lebt Fernanda inmitten einer Schar geschaffener Freunde – Masken, Ton- und Holzfiguren. Einige sehen aus wie Krieger. Andere sind Sklaven mit Ketten um den Hals und einer Kugel, die ihren Bewegungsradius definiert. Andere machen Musik. Viele fühlen sich fremdartig an.

Die Füsse auf kühlen, vor Sauberkeit blitzenden und von vielen Fussberührungen glatt geriebenen Böden in allen Farben. In einigen Räumen gehen sie auf edlem Holz. Mir ist, als steige von all den farbigen Platten ein warmer Atem auf. Ein Gruss von vielen Füssen.

Zusammengerollt sitze ich in Fernandas Leben. Sie ist eine Sammlerin. Sie trägt Figuren aus Nordostbrasilien zusammen. «Da ist es noch ursprünglich. Wild», sagt sie, und ihr Lachen zeigt das Lebensgefühl an. «Im Süden», meint sie bedauernd, «ist alles organisiert.» Freude, abgewürgt.

Ich sehe Fernanda mit ihrem langen Haar, dunkel, jetzt edler Schiefer, in all ihren Figuren wie eine Fürstin. All die sonderbaren Geschöpfe stehen stramm. Sie befehligt auch die fünf jungen Frauen in der Küche. «I teach them.»

«Dreissig Jahre lebe ich hier. Mit meiner Tochter. *All alone*», sie sagt es kursiv. «We never had any problem with violence.»

Ihr Bruder, Nino, lebt scheu in sich. Er ist wie die Insel, die er liebt, der Blick geht weit übers Meer, das Herz gehört seinem Pferd. «It is very important for me to be with my horse. So whenever I can get away ...»

15. Oktober, Una Bahia, Fazenda Vera Cruz
Gaggo tröchne

Barfis i de Gaggobohne, uf em Houzgitter. Vo unger chunnt di warmi Luft. Fasch wi bim Deschtilliere. Nume dass hie d Temperature moderat sy. 60 Grad am Aafang, gheizt wird mit emne Füür. Ds Houz chunnt us em Waud, zum Byspiu vo aute Gaggoböim, wo umgheit sy.

Mit ere Schufle, wo usgseht wi ne überdimensionierti Houzcheue, chehrt der Veio d Gaggobohne, wo öppe 10 cm dick uf däm riisegrosse Houzgitter lige. We aui Bohne gchehrt sy, strycht er se glatt mit emne flache Houzinschtrumänt. Es chunnt eim vor wi bim Choche. Cheuele und schäberle.

D Bohne, wo ne dünni Schale hei, sy öppe so gross wi ne Indianerbohne. Echli flacher. Schnydt me sen uuf, sy si chli füecht und a de Häng chläbt mollig fettige Gaggoanke. Aber nume ne Spur. Es schmöckt ganz fyn nach Röschtarome, inne sy d Gaggobohne dunkubruun oder violett. Violett heisst: nid ideau fermentiert. Wüu hie verschideni Sorte kultiviert sy, hei nid aui glych lang bim Fermentiere und es cha sy, dass e Teil no nid ganz nachen isch, we me se nimmt.

D Bohne schmöcke im Muu wunderbar nach Gaggo, mi dünkts perfekt und i frage mi, warum me di Bohne eso müesam verarbeite. Di cha me doch o so ässe. Es isch natürlech nid eso schmeuzig, es verlouft nid uf der Zunge, es het meh d Konsischtänz vonere Bohne, i ha der Ydruck, i gspüri o d Sterchi. Es isch wi ne extrem delikate Snack, chli wi di Kicherärbsemääu-Snacks vom Pakischtaner, nume schmöckts hie nach Gaggo. Der Gaggo isch z Brasilie relativ suur. D Konsischtänz vo de Bohne inne drann erinneret mi a Beieliwachs, wo grad früsch gformet isch.

Zum wüsse, öb d Bohne gnue trochen sy – zersch trochne si zwe Tag ar Sunne, när drei Tag uf em Houzroscht –, knackt der Arbeiter d Bohne i der Hang. Es git e Ton ähnlech wi bim Spanischi-Nüssli-Uftue. Und ufschnyde und mit em Finger gspüre, öbs no füecht isch. Fyne, fyne Gaggoanke.

Uf mym Tischli steit e Struuss schneewyssi Tuberose. Si schmöcke ohrebetöibend.

16. Oktober, Fazenda Vera Cruz
Dussen im Gaggo

Zum Zmorge gits d Farb Orange. Orangeguldgäub. E Maischueche mit Kokos. Mangoschnitze. Chochbanane, ir Schale und mit emne Bitzli Sauz gschweut. Starche Ggaffee und Passionsfruchtsaft. Es Fescht für e Goume und d Nase scho vo Aafang aa.

D Papageie chrääje. Si fröie sech über e Räge. Si hei ds Goudi im Wasser, bädele sech und schwafle und chädere. Eine pfyft wi ne Maa, wo am Samschtignamittag sys Outo wäscht. Nume viu luschtiger. Muesch eifach lache.

Nam Zmorge göh mer i Gaggo. Ändlech. Der Roland geit voruus mit ere Machete. Ohni Machete geit niemer i Waud.

Dussen im Gaggo. Obe drüber di höche, höche Böim, wo der Luft Gschichte drywääit. Drunger, im Schatte, di dünne Gaggoböimli, Grööggeli dernäbe. D Blüete und d Frücht wachse diräkt us em Stamm. Di länge, ovale Bletter sy zersch rosarot, när häugrüen, speter dunkugrüen. Wi meh oder weniger gstabeligs Pergamänt.

D Blüete isch winzig, öppe haub so gross wi der Nagu vo mym chlyne Finger. Us däm Winzling wachst imne haube Jahr e Götterfrucht.

D Frücht hange nid a de Zweige, sondern diräkt am Stamm, wo unger echli moosig isch. D Frücht sy ovau und hei fyni Ybuchtige, öppe wi bire Cocifläsche. Wi

Segmänt der Lengi naa. Di ryfe Frücht sy je nach Sorte gäub, orange, rot oder bruun. Teil loufe i ne schön gformete Spitz uus. Ir dicke Schale wachst e Trübu mit Bohne. Si sy imne Mänteli us emne glitschige Fruchtfleisch. Wärs wagt i ds Muu z näh, wird belohnt. Es schmöckt ähnlech wi Passionsfrucht, nume süesser. Viu fyner. E Delikatesse. Und we me d Bohne isst, de ischs würklech wi ne Bohne, chli herter, ähnlech wi Johannisbrot, und schmöckt zersch verhäutnismässig nöitrau, speter aagnähm bitter. Der Roland, wo früecher Oliven aapflanzt het, seit, er heig no nie eini i ds Muu gno. Er heig der Schock vo de Olive no i de Chnöche. Aber das isch nach mym Empfinge öppis würklech Feins.

Gaggoböim im Schatte vo de uraute Urwaudriise aapflanze und pflege: Dä Trick heisst Cabruca. Er isch aut, dä Trick, wi d Rägewaudböim. Er isch immergrüen wi si. Di guet vierzg Pure, wo sech der Kooperative Cabruca aagschlosse hei, näme dä Trick wider us der Chischte füre.

Fasch zwänzg Jahr lang het chuum öpper di Chischten aaglängt. Ds Land isch glähmt gsi vor Verzwyflig über ds Huse vo der Piuzchrankheit mit em Übername Häxebäse, wo d Gaggoböim het umbbracht.

D Gnosseschafter vor Kooperative Cabruca wage e Nöiaafang. Eine vo ihne isch der Roland Müller. Syt acht Jahr bewirtschaftet er vier Grundstück z Brasilie, i der Gmeind Una Bahia. Bi ihm und bi syre Frou bin i z Gascht.

Eine vo dene Schatteböim het en orangigi Rinde. Warm zum aalänge, mit Bruchkante wi Schifer. Näbe däm schlanke Riis bin ig es Zwärgli. Höchschtens. Lang blyben i by nihm stah und la mi orangig la aalüüchte.

Dä Boum han i nid erfunge. Es git o orangigi Wunder. Nid nume blaui.

Im Gaggo Gummiböim, der wyss Gummisaft biselet. No bevor der Tag aafaat, geit der Kautschukschnyder mit sym scharfe Mässer dür e Waud. Sy Nachtmission giut kene Tier mit wärtvoue Fäu oder koschtbare Zäng. Mit der unschynbare Klinge verwundet er der Gummiboum, d Wunde het d Form vomene V. Ds Boumbluet louft use und rünnt i ds lääre Chesseli. Der Boum erduldet di Beschnydig, immer u immer wider. Der Kautschukschnyder weis genau, wele Boum dass er wo aazapfet. Der Bsitzer vor Fazenda und der Kautschukschnyder teile sech der Erlös us em Gummi. Der Rohstoff Gummi isch gfragt.

Pupunha, Paume, wo me ds Härz isst, wi ds süesse Stängeli zinnerscht im Rüebli, Paumehärz, murbi Goumefröid. Di gschlageni Paume wachst wider nache.

Angeri Paume stärben ab, we me ne ds Härz stiut. Das erstuunt niemer. Drum isch der Schlag vo de bedrohte Jussarapaume verbotte. Aber d Pupunha, di überläbt dä Ygriff. Mir ässe ihres Härz zum Zmittag, schläcken is ds Muu, so fein ischs, und si laat es nöis Härz la wachse.

Zu üsem gröschte Erstuune ässe di Yheimische ds Paumehärz us der Büchse, nid früsch. Ersch langsam chunnt di brasilianischi Chundschaft uf e Gschmack und faat di früschi Delikatesse aafa gniesse.

Banane, es gfungnigs Frässe für Affe u Mönsche und e gfungnige Schärme, wes rägnet. Banane, süesses Urwaudbrot für Mönsch und Tier. Ds Rägewasser louft dür di riisige Blattstängle z dürab i Bode wi dür ne Dachchänu, Bananepaume sy läbigi Wasserspycher. Und we se d Machete trifft und si ihres süesse Brot verschänkt, de entsteit uf ihrem Grab koschtbare Humus.

Und de no Cupuassu, e Verwandte vom Gaggoboum. Bruuni, melonegrossi, ovali Frücht mit ere ruuche Schinti. Uf der Cupuassu lige grossi Hoffnige. Der Fruchtsaft isch beliebt, er schmöckt nach Ananas und Öpfu. Us de Bohne wett me Schoggi mache, erschti Experimänt sy im Gang.

E japanischi Firma het dä Name la patentiere. Brasilie het gchlagt und rächt übercho. D Cupuassu wachst nume hie.

Je diverser der Waud, deschto weniger Häxebäse, deschto gsünger der Gaggo. Ir Monokultur isch immer der Wurm drinn. Oder e Piuz. Oder e Huuffe Gift. Oder aus mitenang.

Je diverser, deschto gsünger. Giut für e Waud, giut für ne Gseuschaft. Beides isch schwär z vermittle.

Am Namittag göh mer i Pfäffer. D Pfäfferbüsch lyre sech um drüeggigi Houzpföschte ume, wachse drann ufe und hangle sech när wider abe. D Pfäfferbeeri hange i Trübeli. Fasch wi Meertrübeli, nume lenger. Grüene Pfäffer, eso chüschtig, dass mes chuum cha gloube.

Wüu teil Houzpföschte verfulet sy und der Pfäfferboum mit emne Piuz aagsteckt hei, pflanze si jitz Gliridie, e Pflanze, wo keni Frücht macht, sech ungerirdisch vermehrt und im Bode chlyni Stickstoffböueli macht, wo düngeret.

Ar Glirisidie hanget der Pfäffer mit syne bébéglatte, immergrüene Bletter, wo ne länglechi Form hei, und derzwüsche fröhlech di chäche, bébéglatte Pfäfferbeeri. Grüeni, schöni Scherfi. So schön, so scharf, dass es mer fasch öppis git vor Fröid.

Und d Jennifer het mer Bletter i d Hang ggä vomne Koriander, wo schön zäggeleti Bletter macht, so richtig grossi. Und es Blatt wi Salbei, mit emne sehr opaque, zitronige Duft, wo aber no viu meh drinnen isch. Dä gross Koriander schmöckt viu intensiver und komplexer aus der anger. Fasch so, wi we der chlynbletterig Koriander es künschtlechs Korianderaroma wär.

17. Oktober, Fazenda Vera Cruz
Metrum und Rhythmus

Aues, wo läbt, het e Rhythmus. Es git Philosophe, wo säge: Am Aafang vom Läbe isch der Rhythmus.

Stiu isch der Waud nie. Es git Wäue. Waud-Ebbe-und-Fluet. Es git Höhepünkt. Ds Usschütte vor Sapucaia und ds Brönne vom Fröidefüür vor Liebi gäge inne. Und das Fröidefüür hie isch das vo de Vögu. Punkt zwänzg vor füfi am Morge geits los. I lige ir Hängematte, i myr Hang ligt ds Mikrofon. I schlafe no haub.

Der jung, tougrüen Morge strahlet mi aa. Er isch chüeu wi ne Gaggofrucht. Ds Schnuufe geit ring.

I gah no ne Schritt wyter. Am Aafang isch nid der Rhythmus, am Aafang isch d Frequänz. Es Metrum auso, e Takt. Ersch, we nes Metrum da isch, gits o ne Rhythmus. Und es isch d Frequänz, wo entscheidet über Liebi oder nid. O bi Stärne, wo sech uf ihrer Bahn nie chöi begägne. Ar Frequänz kennsch der Mönsch, wo d gärn hesch. Angeri bhoupte, der Duft entscheidi. Im beschte Fau *sensual interplay*.

Ig has eifach. I lige ir Hängematte. Speter gahn i ga Zmorgen ässe, wo mer en Aagsteuti vo myne Gaschtgäber serviert. U no speter gahn ig i Waud ga Ufnahme mache.

Di Aagsteute, wo hie au di Handarbeit mache, fö am sächsi aa schaffe. Am Morge ischs chüeu, di Zyt mues me usnütze. Si schaffe vo sächs bis zwöuf u vom eis bis gäg de viere. Si schaffe viu u verdiene weni.

Mängisch macht sech der Gaggopuur Sorge. Fingt me bis i zäh Jahr no gnue unqualifizierti Arbeitschreft, wo chöme cho handlangere im wahrschte Sinn vom Wort?

D Froue, wo üsi Gaschtgäbere, d Jennifer Tibbaut, aagsteut het, sy froh um ihre Job. Di meischte vo ihne sy aleierziehendi jungi Müetere. Ei Frou studiert näb em Schaffe, d Schueu isch angerthaub Stung wyt ewägg. Z Fuess, notabene.

18. Oktober, Ilhéus
Grücht

Dert, wo si d Kataschtrophe hei ufebeschwore, im Landwirtschaftsforschigsinschtitut Ceplac, isch der Gaggo, wo ar Sunne tröchnet, schimmlig vom Räge. Er stinkt. Und o d Fermentation isch nid grad es Chäferfescht für d Nase. Es tötelet echli. Uf au Fäu d Schöggeli probiere. Excusez, si stinke, und me het ds Gfüeu, me heig aues einzeln im Muu: d Gaggomasse, der Gaggoanke, der Zucker, d Miuch. Und di Süessigkeit chläbt schuderhaft a de Zäng. D Schoggiproduktion, wo im huseigete Fabryggli gfertiget wird, chunnt entweder i d Müüler vo de Lüt, wo z Bsuech sy, oder wird i d Minischterie gschickt für Feschtivitäte, Giveaways und Amuse-Bouches.

Gruusigi Gschichte wärde umebbotte. So heig zersch i den Achtzgerjahr das Forschigszäntrum söue zuegah. Tuusigi vo Mönsche hei da bbüglet. De heig sech, so bhoupte bösi Zunge, das staatleche Monschter säuber erhaute, wüus der Häxebäse, di Piuzchrankheit, wo nüünzg Prozänt vom Gaggo uf em Gwüsse het, äxtra heig a d Böim bbracht. Zum sech unentbehrlech mache. Und de zersch mit chemische Waffe derhinger, de aui Böim nöi umpfropft und der aut abghoue, was ganzi Plantage vernichtet het, wüu di nachezognige Böim zum Teil no viu schlimmer mit em Häxebäse sy befaue gsi und wüu sibe Jahr lang bis zur erschte Frucht ke Gäud isch z verdiene gsi.

Und de sygs, so munklet me wyter, o no so gsi, dass der Lula i der Gaggoregion nüüt z mäude gha heig und dass d Mitarbeiter vo Ceplac syge Aahänger gsi vo nihm. Drum heig me se de gla.

Grüeni Revolution. Aues Abhouze und Stickstoffböim aus Schattegäber häresteue, süsch Monokulture. Monokulture mit gwautige Mängine vo Dünger bombardiere. Di grüeni Revolution, das bedütet: D Pflanze sy es Business. D Pflanze sy aues angere aus es Läbewäse. Und i frage mi, öb settigs meh Ignoranz oder meh richtigi Bösi isch.

D Luft ir Stadt isch schwär und verdrückt di fasch. Im Waud isch d Luft guldbruune Samet.

19. Oktober, Fazenda Vera Cruz
Härzstercher

Es git übrigens no meh Grücht, wi der Häxebäse isch uf Bahia cho. Di einte gloube, dä Piuz heige Laschtwäge ygschleipft, wo mit Gaggobohne us em Amazonas sy belade gsi, der Häxebäse kennt me nämlech us em Amazonasgebiet. Wider angeri meine, d Ceplac heig wöue Teschts mache mit däm Häxebäse, heig Fäudversüech uf ihrem Gländ gmacht und der Bäse syg ab und uf d Fäuder.

I bi totau verstoche. D Jennifer git mer Aukohou, wo si Nägeli het drinn ygleit, zum d Stiche yzrybe. Das schmöckt guet, nimmt ds Bysse und desinfiziert. Aromatherapie zmitts im Gaggo.

Und d Mugge, di hasse dä vitau Gwürzduft.

Eis weis i: dass aues, was läbt, aues, was mit Liebi und ohni Gift kultiviert isch, viu stercher isch aus mir meine. Gaggo, Schoggi isch nid eifach es Gnussmittu. We mer üs druuf ylö, de isch er e Härzstercher, e Seeutreger, es hiuft, uf ds Dach vom Läbe z styge und d Sauce us ere gwüsse Dischtanz aazluege. Es hiuft, sicher sy ohni jedi Sturheit i Momänte, wo me sech unsicher und überforderet vorchunnt.

Wiso mache das d Pflanze? Wiso hei si so viu Stoffe, wo üs diene? Wo mit üs rede? Wo üs heile?

Der Waud schmöckt guldbruun, guldbruun, guldbruun. Bis mys ganze Wäse gsättiget isch dermit.

21. Oktober, Fazenda Vera Cruz
Ginschter

Hüt am Aabe schmöckts nach Ginschter. So fescht. So romantisch. Loufe dür ds höche Gras. D Frösche mache Hochzytsmusig. Es ganzes Orcheschter, auergattig amphibischi Inschtrumänt. Das guaagget und rapset und tigget und tugget und plaraagget und rugget, und derzue gyge und sage d Grillen und d Zikade.

Es schmöckt grüen. So viu Bletter. Es isch es Hochzytslied us Grüen. Grüensiuberig isch ds Chleid vor Chünigin. Isch si d Gaschtgäbere vo däm Fescht? Oder betriffts si säuber?

Am Bächli isch no meh Musig. Locke us Wasser chrüsele und gümperle über Steinen und Wurzle.

Ginschter. So viu Ginschter. Derby wachst hie gar kene.

22. Oktober, Fazenda Vera Cruz
Besser aus Schoggi

Nach em Znacht steut d Jennifer, d Frou vom Roland, es grosses Büuglas mit Gaggomandle uf e Tisch. Gröschtet und gschunte sy si. E Heidebüez. Bim Schinte vergheie si gärn i Splitter. Das sy die, wos mängisch ire Schoggi het, d Nibs. Di gschintete Mandle het d Jennifer im gschmulzene Rohrzucker ddrääit und am Schluss het si chli Zucker drübergschneit. Fasch wi bbrönnti Mandle gseh si uus.

Chant d'Arômes, dänk i, won i di erschti Mandle probiere. D Struktur vom Gschmack isch dicht u viuschichtig. Schoggi, sogar e gueti, chunnt mer dernäbe diräkt längwylig vor. Myni Sinne fö aafa singe. Der Gaggo het mer sys Gheimnis zeigt. I nimes mit, vergässe tuen is nie meh.

24. Oktober, Fazenda Vera Cruz
Gaggobärg

Uf em Gaggobärg hocke. Zersch schüüch, när zfride. Gäub, orange, rot, dunkurot. Längi Cocifläsche, rundi Öpfle oder Quitte, ründeri Cocifläsche. D Farbe scho chli matt. D Schale scho chli weniger chäch. Der Gaggopuur isch zfride. Es isch di gröschti Ärn vo däm Jahr. Morn wird ufghoue.

Di Frücht hei es Gheimnis. Si sy geng chüeu. O ir gröschte Hitz.

Lysli brümelet und plöiderlet ds Bächli. I de Chrone schnuufet der Luft. Er het e länge Aate. Sunntigmorgenandacht, ganz ohni Predig.

D Jennifer het e Chilipaschte gmacht nach der Aawysig vo der Mary, ihrere «Petite Dame», wo fein cha choche. D Chili füüf bis zäh Minute blanchiere, mit echli Sauz im Wasser. De chli Öu draa, püriere und nomau chli Öu druuf, fertig. Abgfahre scharf. Ig ha im Stedtli Malagueta gchouft, winzigi Chili, wo, rot abgläse, nach Schoggi schmöcke. Mir hei se grüen gchouft. D Paschte isch e vouen Erfoug. Si isch chli fyser scharf. Si isch wi nes Skaupeu, aber es süesses.

25. Oktober, Fazenda Vera Cruz
Gaggo uftue

Wi we si würde riisigi Eier köpfe mit ihrne Buschmässer. Linggs und rächts vom Wäg hocke si uf nidere Schämeli. D Manne schlö d Frücht uuf. Schiesse d Hüue uf ne Huuffe. Bim Schlag darf nume d Hüue la gah, d Trube mit de Bohne drann söu nid unger ds Mässer cho. Am Techeli vor Frucht hanget der Strang mit de Gaggomandle. Dä gäbe si wyter zum Abtrübele.

Das mache Froue i Plastighändsche. D Gaggomandle sy chläberigi Gseue, der Gaggohunig, der Fruchtsaft, louft de Froue über d Häng.

Verschütteti, vergüdeti Ambrosia. Warum faat niemer der Hunig uuf? Der Gaggohunig syg nume denn e Delikatesse, we me d Frucht früsch ablist und grad ufmacht. Aber di Gaggofrücht da sy es paar Tag uf em chüele Waudbode gläge zum Nacheryfe. Nume eso gäbis guete Gaggo für Schoggi, seit der Gaggopuur.

Wo mir ds Mikrofon scho wider ypackt hei, isch es passiert. En Arbeiter het dernäbe ghoue, vou i d Hang. Ir Schwyz wär er zum Dokter ggange, hätt sech d Wunde fachmännisch la verbinge. Hätt Unfaumäudige usgfüut. Im Waud schüttet der Arbeiter Sauz uf d Wunde. Bysst uf d Zäng. Schaffet wyter. I wage mir nid vorzsteue, wi weh das tuet.

26. Oktober, Itacaré
Kombiniere

Was passt zäme? So guet, dass es dir en elektrische Schlag versetzt? Dir d Luft wäggblybt? Du di Liaison wettsch bhaute aus Chuscht vo dym Läbe?

Wen ig öppis finge, wo passt, wo stimmt, de han i di gröschti Fröid. Fröidefüür.

Hüt ischs Shrimp mit caramelisiertem Ingwer, Gnocchi us Chochbananen und Chürbis mit Tomate.

Nie darf me vergässe, dass nid für jede ds Glyche stimmt. U glych stimmt ds Glyche hüüffig für mängi. Meischtens, wen ig öppis finge, wo zämepasst, de chunnt es seligs Lächle uf d Gsichter vo dene, wos probiere. Und wen ig öpper finge, wo zämepasst – das gits viu, viu sätener, de –

28. Oktober, Itacaré
Di angeri gueti Nase

Vilech isch e gueti Nase o nes guets Gfüeu. Wo eim seit: Mach das, mach das! Los nid, was angeri säge! Oder besser: Los guet, was angeri säge, aber glych guet oder no nes bitzeli meh uf dy Nase! So han i hüt nid wöue ga böötle bim Räge, und es isch es Gwitter cho, dass ds ganze Stedtli grad ke Strom me het gha.

Ar Aromatherapie dünkt mi bsungers schön, dass öppis, wo angerne woou tuet, angerne Fröid macht, glychzytig wi Medizin würkt. Äbe ke bitteri Piue. Sondern zum Byspiu Rosenöu aus Medizin, öppis vom Köschtlechschte und Koschtbarschte, wos git.

29. Oktober, Salvador
Fasnacht-Stadt

Di ewigi Fasnacht, e Chessu vou wiudi Gfüeu. Hie redt niemer lysli. Hie brüelen aui. Der Pegu vo dere Stadt isch so lut, dass i ne aus Druck uf em Körper gspüre. Es brodlet. Wiudi Maskierti rumple, schäue, plaraagge dür Lutspräcber. Unberächebari Emotione. Wi lang geits, bis eine es Mässer zückt? Dryschlaat? Dir öppis chlauet? Mir tüe so, aus wärs hie totau sicher, und es passiert üs nüüt.

Caipirinha mit Passionsfrucht uf em Chüniginne-Sametstueu, e Kombination wi schöni, füürigi Ouge.

30. Oktober, Salvador
Malagueta

Mit em Taxi zum Märit vo Sao Joaquim. Di einzige zwo Wysse i Bärge vo Chili, Ananas, de Gebirge us Wassermelone. Hie chouft me Einheite vo Limette oder Chili. Es Zytschrifteblatt zumne Papyrseckli gfautet. We ds z fescht füüsch, runzelet der Chilimaa d Stirne. Hie türmt sech der ganz Sägen uuf.

Abschiid näh vo au dere Vitalität, dere Süessi ohni jede Kitsch, däm Bächer, wo überlouft, eifach so.

D Sunne brönnt gnadelos. Mir finge Boldo, und der Maa am Stand fragt, wo de das Europa syg, wo mir härchömi. Wi me dert häre chöm. Öb me da chönn mit em Outo gah, oder mit em Schiff, oder öb me am Änd mües e Flüger näh.

Und da sy si, d Malagueta, chlyn, grüen und so scharf, dass de e Zytlang ke Ton me usebringsch ussert Naseschnüze. Und ig überlege mer, öb i mi so söu benamse: Séraphine Malagueta.

Pedro Lenz: Plötzlech hets di am Füdle

Banale Geschichten. 144 Seiten, gebunden
ISBN 978-3-305-00425-6

Tragik und Komik liegen nah beieinander in diesen Geschichten. Pedro Lenz führt uns zu Menschen, die versuchen, mit ihrem unspektakulären Leben fertig zu werden. Zum Greppehugo, der keinesfalls so werden will wie sein Vater, der jeden Samstag das Auto schamponiert hat. Oder zu Chantal, die vom Fritschi träumt, ihrem Arbeitskollegen, der immer so nett zu ihr ist, so anders als ihr Freund, mit dem sie unterwegs ist ins Tessin.

«Wer Lenz auf der Bühne sieht, glaubt den leibhaftigen Buster Keaton vor sich, der mit grossen, traurigen Augen ebenso traurige Geschichten erzählt, selber nie lacht, das Publikum aber ständig zum Lachen bringt.»
Michael Meier, Tages-Anzeiger

www.cosmosverlag.ch

Pedro Lenz: Tanze wi ne Schmätterling

Die Coiffeuse und der Boxer. 101 Seiten, gebunden
ISBN 978-3-305-00426-3

1971 kommt Muhammad Ali für einen Boxkampf nach Zürich. Regula Giger, Coiffeuse aus Madiswil, Oberaargau, soll dem weltberühmten Boxer aus Louisville, Kentucky, die Haare schneiden. «Hei Boxer überhoupt e Frisur?», fragt sie. In einer weiteren Hauptrolle: Löiebärger Pole, Abwart im Hallenstadion. Eine berührende Geschichte über kleine und grosse Träume.

Pedro Lenz: Tanze wi ne Schmätterling

Am Piano: Patrik Neuhaus. 1 CD, 75 Minuten
ISBN 978-3-305-00427-0

Was haben Muhammad Ali und Frédéric Chopin gemeinsam? In diesem Hörbuch von Pedro Lenz und dem Musiker Patrik Neuhaus, dem Duo «Hohe Stirnen», begegnet der Blues der Afroamerikaner dem Blues der Romantik.

www.cosmosverlag.ch